QIYE LUNLI JUECE YANJIU

企业伦理决策研究

刘英为 著

人民出版社

目　录

表目录

图目录

“为了生存，企业必须获利。但通过不当行为赚取利润，组织的寿命就会缩短……企业必须在自身获利的欲望以及社会的需要和欲求之间取得平衡；维持这样的平衡通常需要妥协或折中……社会发展出法律和隐含规则以规范企业，使其在努力获利的同时不伤及个人或社会整体。”①

“高瞻远瞩的公司能够从繁琐的做法和商业谋略中分离出他们永恒不变的核心价值观和经久不衰的使命。”②

“所有的技艺根本上都服务于一个共同的目的——人生的完善。”③

导　论

一、本书研究的背景与意义

（一）企业丑闻泛滥引发的思考

20 世纪末至 21 世纪初，在经济全球化、技术革新、市场经济等多重因素的交互作用下，企业实现了史无前例的发展。企

---

① ［美］O. C. 费雷尔、约翰·弗里德里希、琳达·费雷尔：《企业伦理学——伦理决策与案例》，张兴福等译，中国人民大学出版社 2012 年版，第 7 页。

② ［美］吉姆·柯林斯、杰里·伯勒斯：《基业常青——企业永续经营的准则》，如真译，中信出版社 2009 年版，第 35 页。

③ ［德］弗里德里希·包尔生：《伦理学体系》，何怀宏、廖申白译，中国社会科学出版社 1988 年版，第 7 页。

业作为市场经济中最重要的市场主体，在经济领域、政治领域均显现出非凡的实力与魅力，是促成这一时代繁荣的重要因素之一。然而，任何事物都具有两面性。在企业的深度国际化发展过程中，也出现了一系列的伦理风险与道德困境的决策两难，威胁着企业的基业长青、国家的安定，甚至全球经济的稳定。

在国外，2000 年美国的安然事件使得公众信任崩塌；2008 年的房利美信贷危机导致了一场世界范围内的金融危机；2013 年的“马肉风波”使欧洲众多国家的肉类加工企业卷入其中。21 世纪，全球化过程中，跨国公司经常遭到批评家的谴责。例如，国际转移业务使得跨国公司在各个国家间渔翁得利，这种“向下竞争”的成本优势只能通过减少工人的工资和福利来保持，是造成发展中国家国际代工企业沦为“血汗工厂”的直接诱因。另外，跨国公司向发展中国家输入技术或产品，而这些国家尚不能应对这些技术和产品的风险。德国拜尔公司（Bayer）和巴斯夫公司（BASF）都被指控过向发展中国家出售有毒驱虫剂，而这些国家的农民对这些化学产品可能造成的伤害却一无所知；一些乳品行业，如雀巢（Nestle）、美赞臣（Mead Johnson）等通过广告活动，诱使一些贫困国家的婴儿母亲将很少的生活费用来支付昂贵的奶粉钱，而有的国家甚至没有干净的水源冲调奶粉；据世界卫生组织的报告显示，这一行为每年至少导致 150 万新生儿腹泻或死亡。[①] 企业丑闻的上榜率还在不断更新。

在国内，2008 年的乳品业“三聚氰胺”事件，使得多少中国家庭饱经创伤，至今难以抚平。虽然国内的乳业协会和政府

---

① Mannuel G. Velasquez，*Business Ethics*：*Concepts &Cases*，7th Edition，Peason Education press，2012，p. 31.

有关部门一再做出承诺，但仍然无法挽回消费者的信赖。以至于时任总理的温家宝同志出面呼吁企业家身上“应该流着道德的血液”。“三聚氰胺”事件最终的结果是三鹿集团破产、集团的高管沦为阶下囚。在庭审过程中，他们辩解在乳品中添加三聚氰胺是行业的潜规则，而这均是由外部原因引起的，与个人的责任无关。在利益的面前，将企业的使命、责任与义务完全抛诸脑后。2013 年，《焦点访谈》栏目又爆出多家乳品企业给天津塘沽各妇产医院医生、护士回扣，左右产妇及其家属选择，买卖新生儿“第一口奶”的新闻。而这仅仅是冰山一角，每到 3.15 国际消费者权益日，媒体曝光的企业败德行为总会充斥着我们的眼球，而无辜的消费者所受到的伤害则让每个人的内心久久不能平静。企业伦理问题发生的根本原因是什么？为什么好人会做坏事？在企业利益、公众利益与个人良知相冲突的时候，为什么企业主体会放弃选择良知？影响组织与个人决策的因素究竟有哪些？如何规避这种对企业发展无利又损害利益相关者的决策行为？

企业“无德”深层原因的探究及对策分析成为重要的研究议题，引起了学术界、企业界及社会的高度重视。2012 年《中国伦理道德报告》辟章节对企业群体伦理道德状况进行了调研，研究表明“企业人道德的存在问题包括：社会财富分配不合理；道德建设成果的实际积淀无效率；企业与社区之间存在屏障，‘企业市民’在中国基本如空白的天地，无法实践”①。现今，一方面学界的理论研究将企业最终目标和企业使命定得过高且

---

① 樊浩等：《中国伦理道德报告》，中国社会科学出版社 2012 年版，第 135—136 页。

模糊；另一方面企业自身最终目标的设立又仅以“经济动机”为导向，而忽视对大多数人来说，经济利益只是实现“最终目的”① 的一种手段，是实现最终目标的中间目标。这就容易造成理论和实践的“两层皮”。当道德变成教化，便失去了其在经济生活中原有的意义。而从企业伦理决策行为的影响因素入手，改善企业决策的外部环境和内部结构，这一理论研究视角则更具有现实意义。

在企业的经营过程中，一方面，由于“寻租”导向的短视行为，使得食品安全问题、环境污染、假冒伪劣商品、商业贿赂等企业败德行为屡见不鲜。另一方面，越来越多的企业认识到改善企业伦理行为的益处，以及企业伦理决策与财务绩效之间的关系。2007 年，阿里巴巴联合建设银行推出贷款项目，解决中小企业创业的资金困难，让诚信的人先富起来。多方合作，共同打造开放、协同、繁荣的电子商务生态系统；过去，银行的传统形象在老百姓的眼中是高高在上的政府机构，银行工作人员往往不苟言笑、各式单据名目繁多。招商银行的出现改变了老百姓对于银行的看法，在客户进门的那一刻，就有大堂经理的微笑服务，在等候区有舒服的长椅、糖果和饮品。招行的理念便是“一切因您而变”；杭州万象集团四十多年坚持从顾客、股东、员工、社会出发诠释企业的价值观，实现年销售额数百亿元。

大量来自企业界和学界的研究和实例都表明，“企业更为道德、对社会更负责任，有利于企业运营效率的提升；有利于增强员工的承诺与信任；有利于获得投资者的忠诚及消费者的满

① 如安全、舒适、声望等。

意；更有利于企业将伦理决策转化为不可复制的核心竞争力，使企业获得道德利润”[①]。这一切都使得企业界和国内外学者越来越重视道德哲学在企业经营管理过程中的重要作用，伦理决策正是企业将伦理与企业管理结合的重要实践路径。企业家的伦理决策会在企业内部起到重要的示范作用，从功利型企业家向责任型企业家、从利益驱动向伦理行为的转型是企业健康成长的内在要求，对构建社会主义和谐社会至关重要（金杨华，2007；吕福新，2004）。

（二）企业的非道德性神话与道德性神话

面对企业出现的种种问题，提出伦理在企业决策过程中的重要性是非常必要的，但是将伦理应用到企业必须要考虑其特殊性。企业是盈利组织，只有获利企业才能生存。在西方，早期认为企业就是盈利组织，与金钱打交道比与价值观打交道要容易得多，企业的财务状况或生产的产品才是人们重视的内容。企业的非道德性神话观点不乏其人，《哈佛商业评论》前主编西奥多·莱维特多次提出（Theodore Levitt，1958，1970）：企业的经营活动就像战场一样，所要做的就是勇猛地战斗，必须勇敢，但不必考虑道德的制约。他也多次为广告业的欺诈行为进行辩

---

① 值得说明的是道德利润、道德资本的命题常受到学者的批判，将道德与金钱挂钩违背了道德的精神实质。但是，由于企业的特性，本书提出道德利润是指企业伦理决策行为可能获得的结果。只是事实陈述，而非价值判定。参见［美］O. C. 费雷尔、约翰·弗里德里希、琳达·费雷尔：《企业伦理学——伦理决策与案例》，张兴福等译，中国人民大学出版社 2012 年版，第 17 页；周祖城、张兴福、周斌：《企业伦理学导论》，人民出版社 2007 年版，第 206—209 页。

护，“不可否认广告行业存在夸大和失真，但这是合法的，也符合社会需要的目的”①。艾伯特·卡尔（Alabert Carr，1968）、雅克·克里（Jacques Cory，2005）认为企业有它区别于传统意义上的伦理标准，必须把个人的道德观与商业领域中的是非观区分开来。商业行为就像纸牌游戏，游戏倡导对对手的不信任，无视友谊的要求，欺骗行为是游戏的技巧。没有人会质疑这种行为，商业社会奉行的是丛林法则。② 对这一观点最有代表性和影响力的人物就是诺贝尔经济学奖的获得者密尔顿·弗里德曼（Milton Fridmen，1970），虽然他不反对企业存在社会责任，但是他也认为“企业的社会责任就是管理者使股东的财富得到增长”③。

正是这一时期，在美国，商业贿赂、交易欺诈、不正当竞争、环境污染等一系列企业经营活动中的丑闻突现，引起了公众的强烈不满并要求政府介入调查。1962 年，美国政府发布了关于“对伦理及相应行动的声明（A Staterment on Business Ethics and a Call for Action）”。同年，美国管理学院联合会发起了开设企业伦理学（Business Ethics）④ 必要性的调查，调查结果支持

---

① Theodre Levitt, *The Morality of Advertising*, Harvard Business Review (July-August, 1970), pp. 84 – 92.

② 可理解为商业行为中的达尔文主义的盛行，物竞天择、优胜劣汰、弱肉强食，将信任和协作抛诸脑后，道德更成为商业社会中的“奢侈品”。

③ Milton Friedman, *The Social Responsibility of Business is to Increase Its Porfits*, New York Times Magazine, (Septemeber 13, 1970), p. 126.

④ 对于 Business Ethics 的中文译法有很多种。本书采用 William H. Shaw &Vincent Barry 的观点，将 business 规定为那些旨在通过提供产品或服务获取利润的组织，即企业。

企业伦理学应该成为管理教育的一个重要组成部分。渐渐的企业的非道德性神话被打破，企业不再可以为所欲为。媒体、政府、环境保护主义者、消费者权益保护主义者表明态度，促使企业对某些价值观做出考虑，而这种价值观是不能简单地反映在账本和销售额中的。于是企业开始反省，不择手段地赚取利润只会使其寿命缩短，若想要获得永续的发展就必须遵守社会发展的潜在规则①和法律，这也正是企业的社会属性的体现。

在我国，情况刚好相反。改革开放前，企业与其说是盈利性组织，不如称之为道德性组织。“按照一般企业的定义，我国的企业只能是工厂或车间，是基层政权组织单位，其道德职能、社会和政治职能远大于经济职能，工厂就是个大家庭，包揽职工及其家属子女的衣食住行，生老病死，可以说是一个道德性神话。改革开放伊始，这个道德性神话被打破，企业管理与决策又一下子跳到另一个极端，盲目崇拜西方企业制度，以至于目前中国企业又出现了企业的非道德性神话。”② 企业的败德行为屡见不鲜，社会遭受的代价惨重。企业的道德性神话同样是不可取的，也是不利于企业持续发展的，不能否定企业的经济主体本性。不管是非道德性神话还是道德性神话都不利于企业的基业常青。“道德在企业经营活动中的定位必须适度，才能正常地切实地发挥它所应该起到的作用。”③ 所以，必须指出伦理决策并不是在决策过程中将伦理作为唯一指标，而是与其他经

---

① 主要指道德准则。

② 刘可风：《当代经济伦理问题的求索》，湖北人民出版社 2007 年版，第 4 页。

③ 刘可风：《论市场经济领域中道德的适度定位问题》，载《哲学研究》2004 年第 6 期。

济、政治、技术、社会指标共同起作用。将伦理[①]作为决策的依据之一，目的是改善企业的决策框架，规避经营活动中的道德风险，同时也使企业从优秀到追求卓越成为可能。

（三）企业决策行为道德失范的原因

“企业”通常被看作一个代名词，空泛的名称。但是当伦理问题出现时，这个“躯壳”就会被击破，在名称背后的具体责任人就会浮出水面。所以说企业不讲道德，最后还是要落实到人。而影响决策主体的因素有很多，在此从三个方面进行必要的说明。

首先，决策主体个人因素的制约。人与人是不同的个体，存在着个体差异。个人的道德认知发展阶段影响着决策过程中的伦理判断和最终的伦理行为。个人因素可以通过自我强度、环境依赖程度、控制点来分析。在排除外界影响的条件下，个人的特征因素将对自身的道德认知产生影响。研究表明，个人的自我强度越强、环境依赖程度越低、越坚信内部控制论，他在进行伦理决策时会保持较高的连续性和相关性，更倾向于做出合乎伦理的决策行为。[②] 反之，则更倾向于做出不合乎伦理的行为。

其次，组织特性和局限因素的影响。企业是经济主体，成

---

① 文章出现了伦理与道德这两个词语，广义上讲两者可通用。细分来说，伦理通常指一种约定俗成的人与人之间的关系，可视为客观存在；道德则是对人与人之间关系的把握，可理解为一种主观的选择。

② L. K. Trevino, Ethical decision making in organization: a person-situation interactionist model, *Academy of Management Review*, 1986 (3), pp. 601 – 617.

本分析法会使企业在道德行为和败德行为中做出理性判断，并且寻找“经济租”的可能。这一“短视”的经济行为，就会促成企业选择败德行为，而威胁企业的长远发展。另外，也有研究表明，个人的道德指南固然重要，却不足以预防组织环境下的道德行为失范。达到绩效后的奖励及组织伦理氛围，尤其是同事和经理的行为，成为驱动伦理决策的重要因素。在企业中，个人所扮演的角色被企业的结构和文化格式化。个人原本遵循的伦理准则也被企业的规则所取代。有时为了企业的利益不得不让渡自我心中部分的道德理想，或者被迫选择道德回避与道德沉默。

最后，社会因素的影响，其中包括制度压力和环境制约。理念上完美的市场经济理论在实践的过程中，不可规避不完全竞争、外部性特征和事后性的缺陷，企业有着“寻租”的机会。目前，中国企业的牟利方式多是“权利寻租”，稀缺的资源不能实现公平配置，而降低道德水准又可以获得短期优势，因而促成了企业的不道德行为。我国的经济体制改革正进入全面深化阶段，正确处理政府和市场的关系成为改革的核心内容，必须更加尊重市场规律、发挥政府作用，才能更好地发挥社会主义市场经济的优越性。为企业创造更加公平、公正的社会环境和竞争机制。

由此可见，对于企业决策道德行为失范成因的研究是一个综合的考量，也是一个系统分析的过程。这个过程的研究意义不是区分何种因素更为重要，而是避免“头痛医头、脚痛医脚”。试建立一种长效机制，来规避企业的不道德行为，使得企业的决策可持续且人性化。

二、国内外相关研究述评

企业伦理决策研究是对社会责任的理性认同与自觉践行，是组织持续、健康发展的内在要求。[①] 作为企业伦理学及企业战略管理的前沿问题，中外管理学、伦理学、心理学研究中均有涉及，研究学者们试从不同层面、不同视角探析企业伦理决策的理论框架及现实意义。因此，对国内外企业伦理决策的现状进行述评就要从该领域的科研成果入手。

首先，关于国内企业伦理决策研究现状，本文通过中国学术文献总库（CNKI 知网）获得专业期刊及硕博论文。以企业伦理决策为索引条件可以获得的代表性文献 88 篇，大致来自于《管理世界》、《道德与文明》、《外国经济与管理》、《伦理学研究》、《经济管理》、《自然辩证法研究》、《心理科学进展》等刊物。关于这一领域的相关硕博论文 17 篇，[②] 研究归属大概可以分为两类：一类是管理学专业，一类是伦理学专业。管理类硕博士论文主要来源于浙江大学、复旦大学、浙江工商大学等。哲学类硕博论文主要来源于湖南师范大学、大连理工大学及南京师范大学等。虽然，我国学者对企业管理伦理的研究成果颇丰，但是针对企业伦理决策领域的研究还处于探索阶段，尚未

---

① 金杨华、吕福新，《关系取向与企业家伦理决策——基于浙商的“实证”研究》，载《管理世界》第 8 期。

② 以知网为搜索范围，并以本书的截止日期为准。知网硕博论文学术库中关于管理伦理的文献颇丰，其研究内容与伦理决策相关，但却也存在很大不同。管理伦理的落脚点在伦理，而伦理决策的落脚点在决策。故而，文中没有大量的罗列管理伦理相关文献。

形成体系。研究成果多以国外经验总结介绍为主，建立在中国企业伦理决策基础上的实证研究及对策性分析较少。

从中国知网所收入的文献来分析，“伦理决策”一词更多出现在医患纠纷和企业管理两类文献中。这表明，越是接近利益的地方，就越是伦理问题容易出现的地方。从时间上来看，企业伦理决策这一领域的研究主要在2000年以后。伦理学与管理学可以说有着历史的渊源，但现今从学术论文的角度来说却是“泾渭分明”。从研究内容上看，哲学类论文以伦理决策的理论建构为主，管理类论文则注重理论的现实应用性。从研究方法上看，哲学类论文以规范研究为主，管理类论文则以定量分析为主。我国国内企业伦理决策研究领域的硕博论文质量是具有一定理论水平的，本领域的研究应该受到学术界和企业界更多的重视。

阿马蒂亚·森在《伦理学与经济学》中论述道，伦理学可以为人们对经济学的更高要求指明方向，这种指引正是建立在更多的对人类行为的伦理思考上，只有这样才能使经济学变得

表0-1　国内相关硕博论文汇总

类型	哲学	管理学
博士后	张彦（2011）《价值排序与伦理风险》	
博士	夏绪梅（2006）《转型经济条件下的企业伦理问题研究》 齐艳霞（2010）《工程决策的伦理规约》等	高小玲（2006）《企业道德风险及基于中国企业的实证研究》 祝木伟（2007）《组织伦理化管理理论与方法研究》 赵宝春（2008）《中国消费者伦理行为研究——基于社会性的视角》 刘文彬（2009）《组织伦理气氛与员工越轨行为间关系的理论与实证研究》等

续表

类型	哲学	管理学
硕士	朱辉宇（2003）《论企业决策的伦理分析》 刘华容（2003）《论企业决策的伦理》 刘法威（2005）《伦理决策的困境与自主性——行政人员伦理决策探析》 郑瑶（2006）《当代中国企业决策伦理评价的应用研究》等	陈丽瑞（2009）《中国营销经理道德决策机制研究》 李硕（2010）《管理者伦理决策过程及影响因素的质性研究》 鲁明良（2011）《关系对企业家非伦理决策影响机制的实证研究》 王静怡（2012）《关系对伦理决策的影响实验研究》 洪科芳（2010）《伦理决策过程及其影响因素研究》 张丽娅（2012）《个人道德认知发展和文化价值取向对管理者伦理决策的影响研究》 李春（2013）《伦理型领导对组织领导伦理想象影响的实证研究》等

资料来源：本研究整理

更有说服力。[①] 伦理决策作为企业伦理学的研究视域，更应该强调伦理学和管理学研究方法的融合。管理学科与人的行为的目的是密切相关的，从表面上看管理学可以影响人们对财富和效率的诉求，但是更深层次上，管理学的研究还涉及人们对财富以外的更高目标的增进。提出伦理决策的目的不是炫技和自诩，更多地是弥补缺失和遗憾。从本研究的问卷调查来看，部分的管理者在没有正确树立目标时，就已经带领着员工行动了，而

① ［美］阿马蒂亚·森：《伦理学与经济学》，商务印书馆 2000 年版，第 15 页。

结果却是与目标渐行渐远。缺失伦理指标的决策，对于决策本身就是一种损失。

其次，对国外企业伦理决策研究的现状分析，本书以伦理决策（Ethical Decision Making）为索引词。分别通过 ProQuest、EBSCO、JSTOR、SAGE 等数据库获得大量相关文献。其中硕博论文 43 篇，内容包括伦理决策理论基础研究、伦理决策企业实践研究及伦理决策的跨文化变迁研究等多个领域。国外具有代表性的期刊包括：《经济伦理期刊（*Journal of Business Ethics*）》、《管理学院评论（*The Academy of Management Review*）》、《哈佛商业评论（*Harvard Business Review*）》、《市场营销研究期刊（*Journal of Marketing Research*）》、《经济伦理季刊（*Business Ethics Quarterly*）》、《管理问题期刊（*Journal of Managerial Issues*）》、《欧洲经济伦理评论（*Business Ethics-A European Review*）》等。本文收集外文文献遵循的标准：早期文献以被理论界和企业界广泛认同的理论基础文献为主，近期文献以通过同行评审（Peer-reviewed）的刊物为主。经过系统的筛选，笔者从 245 篇外文文献中选取了 52 篇相关文献作为国外企业伦理决策研究现状分析的代表性文献。

国外的硕博论文从研究时间上要比国内早，研究领域也较丰富。理论研究主要集中在企业伦理决策的影响因素分析，应用研究重要是进行伦理决策理论在企业管理、利益相关者、不同类型的行业中的实践检验。这一点与国内研究相似。值得注意的是有两位中国学者针对中美伦理决策行为的差异做了跨文化分析，一位是 Zhongbing Hu（1998），另一位来自中国台湾的 Zhihong Wang（2012）。其中理论研究方面主要探析各种影响因素与伦理决策的关系，主要包括个人因素、道德认知发展阶段、道德情绪和后果预测等。个人因素主要是从人口控制变量来分析其对伦理决策的影响，研究显示性别、年龄、工作行业和工作年限与伦理决策显著相关。女性进行伦理决策的道德敏感度要高于男性（Kelly A. Richmond，2001）。道德认知发展阶段对伦理决策的影响一直是本领域的研究重点，学者多沿用 Kohlberg 的理论和开发的量表，通过情景问题测定个人道德发展阶段（Dennis P. Wittmer，1992；Sandra E. Ford Mobley，2002；Pamela K. Smith Evans ，2004；Mark J. Shank ，2005）。后果预测和不确定性也是影响伦理决策的重要因素，责任命题和对后果的经验分析有利益促成企业的伦理决策行为，而仅仅追求绩效、结果导向则容易导致企业人的道德行为失范（N. E. Ruedy，2010；T. C. Justice，2011）。

应用研究方面主要考察个人价值观、道德强度、组织伦理氛围等对企业伦理决策过程的影响。主要集中在道德发展模型（Kohlberg，1984）、伦理决策过程理论（Rest，1986）、个人与情景交互作用模型（Trevino，1986）、道德问题权变模型（Jones，1991）、组织伦理氛围（Victor&Cullen，1988）在企业中的应用研究。

表 0－2 国外相关硕博论文汇总

研究视角		涉及篇数	作者年代
理论研究	后果预测与伦理决策	8	Cheryl Stermark（2010）
	个人因素与伦理决策		Kelly A. Richmond（2001）
	不确定性与伦理决策		Katherine V. Kortenkamp（2009）
	道德强度与认知过程研究		Dennis P. Wittmer（1992）
	道德情绪与伦理决策		Eugene M. Caruso（2007）
	不道德行为分析		N. E. Ruedy（2010），T. C. Justice（2011）

续表

研究视角		涉及篇数	作者年代
应用研究	信息系统管理与伦理决策	1	Kevin P. Pauli（2001）
	高校管理与伦理决策	2	K. D. Walker（1991），S. J. Reynolds（2002）
	道德强度；道德情感； 有效领导；组织文化； 组织环境；性格特征； 伦理气氛；利益相关者； 元伦理等与企业伦理决策 中小型企业；生物科技公司； IT 业与伦理决策； 工程伦理	18	T. A. Mobbs（2001），Karen Anderson（2001），T. A. Mobbs（2001），Jennifer Mencl（2004），S. W. Pontiff（2007）， K. M. Kelley（2007），E. A. Linley（2008），N. M. Schell-Busely（2009），Jams Hicks（2010），Ellie Kaucher（2010），M. W. Behaylo（2010），D. R. Pershy（2010），Carl J. Parran（2011），Marion C. Moreno（2011），etc.
	心理学与伦理决策	1	Rheanna M. Kado Hogan（2008）
	会计； 金融； 审计与伦理决策	5	D. M. Patterson（1994），A. A. Ampofo（2004），Gene R. Sullivan（2004），Pei chun Feng（2008），Carol Dickerson（2009）
	伦理决策的跨文化视角分析	3	SILVIA（2006），Paul S. Lieber（2005），Zhihong Wang（2012）
	中国消费者行为的伦理分析	1	Zhongbing Hu（1998）
	科尔伯格道德成熟度的应用	3	Sandra E. ford Mobley（2002），Pamela K. Smith Evans（2004），Mark J. Shank（2005）
	公共事业领域的伦理决策	1	Carolyn Roy（2009）

资料来源：本研究整理

目前，国内外学者都对伦理决策的问题进行了许多有益的研究，并对其理论意义、主要内涵及影响因素达成了共识。但是，我国学者对企业伦理决策的研究尚处探索阶段，其理论研究还比较薄弱，研究路径也在探索之中。且被调研企业样本单一，主要集中在浙江省。那么，加深企业伦理决策理论的建构，扩大被调研企业的样本量，突破地域性的局限就成为本研究的重要任务。

最后，经过对文献的梳理和总结，笔者认为国外对企业伦理决策理论的研究已经蓬勃开展，尤其是美国走在了世界的前列，建立了一套比较成熟的理论体系及研究方法。以伦理决策的界定及伦理决策过程理论的探讨为基础；以伦理决策的影响因素研究为核心；以《塞班斯—奥克里斯法案》及《联邦组织量刑指南》为法律保障；以伦理决策的模型建构为企业伦理经营提供实践路径。以上研究视角均建立在规范研究与经验研究的结合基础之上。而我国国内对该领域的研究尚处在探索阶段。纵观国内外有关企业伦理决策研究的文献，大致可以分为四类：第一类文献主要是对企业伦理决策概念的界定及其过程的研究；第二类文献为企业决策遵循的伦理原则研究；第三类文献侧重于企业伦理决策过程影响因素的实证研究；第四类文献为企业伦理决策的研究方法的讨论。

（一）企业伦理决策的内涵研究

美国是最早关注企业伦理决策问题的国家，也是践行企业伦理决策理念的发源地。20 世纪 70 年代，国外商业丑闻频频爆发，人们越来越重视企业经营过程中的伦理行为，企业不再可以为所欲为。包括媒体、政府、环保主义者及消费者都认为企业非道德性神话是不当的，企业应该对某些价值观做出考虑。

O. C. Ferrell（2011）做了系统的调研，在21世纪企业界和学术界围绕房利美（Fannie Mae）、美国国际集团（AIG）、安然等知名公司的丑闻展开了讨论，认为将伦理和责任融入企业决策是非常有必要的。他认为，用伦理高标准要求企业和个人遵循完善的道德原则，大多数人会同意。首先，为了生存，企业必须盈利，但通过不当行为获取利润，企业的寿命就会缩短。其次，企业必须在自身获利的欲望以及社会的需要和欲求之间取得平衡。维持这样的平衡通常需要企业的妥协或折中。为此，社会发展出法律或隐含规则以规范企业行为，使其在努力获利的同时不伤及个人或社会整体。

20世纪末至今，越来越多的国外学者开始重视企业伦理决策的研究工作。但是，到目前为止，学术界仍然没有就企业伦理决策的定义达成共识，不同学者从不同视角给出了企业伦理决策以不同的概念与内涵的阐释，还未形成统一的定义。下面是几种颇具代表性的观点。

第一类观点认为伦理决策的定义是自然的提法。因为伦理决策是解决和规避企业中出现的伦理问题和伦理风险的，故而对这些问题和风险的决策就应该称为“伦理决策”。

第二类观点认为企业中的决策都是伦理决策。Velasquez和Rostankowski（1985）认为，“受自由意志支配，给他人带来幸福或伤害的行为是伦理行为”。

按照他们的观点，企业从事的各项活动都与他人相关，因而企业中的决策就都是伦理决策。Jones（1991）说得更明确，“管理者们的大多决策都是伦理决策，只是他们没有意识到其决策所包含的伦理因素罢了”。

第三类观点认为企业中的决策不完全是伦理决策。Herbert A. Simon 提出“认何实践活动都包含‘决策’和‘执行’，这恰恰被忽视……一般的管理理论既要包括保证决策正确制定的组织原则，又要包括保证决策执行的组织原则……组织中的决策包括价值判断和事实判断，价值判断是导向最终目标选择的决策；事实判断是包含最终目标实现的决策”①。这表明决策不只是事实命题而已，“它固然描述的是未来的事态，这种表述从实际角度严格说来可能正确也可能错误，但是决策还具有支配性，因为它们优先选择某一种未来状态，并且让行为直接向选定方案的方向努力。简而言之，决策即包含事实成分，也包含道德成分”②。伦理决策解决的就是企业决策行为涉及价值判断的部分，起到的是确立企业最终目标正确与否的先导作用。

Kelman & Hanmilton 认为：“一个决策必须满足以下三个条件才能称之为伦理决策：第一，决策的对象涉及伦理问题，具有伦理内涵、受人类基本伦理规范制约；第二，决策者是具有自由意志的伦理主体，他能意识到伦理问题的存在，能够做出判断和实施行动；第三，人们可以对决策结果做出‘合伦理’和‘不合伦理’的判定。”③ Bird、Gandz（1991）提出：“如果管理者将他们的社会准则、道德规范、价值原则用于决策，就可以改善企业决策；如果企业决策时能考虑到社会和伦理因素，

---

① ［美］赫伯特·A. 西蒙：《管理行为》，詹正茂译，机械工业出版社 2013 年版，第 2 页。

② ［美］赫伯特·A. 西蒙：《管理行为》，詹正茂译，机械工业出版社 2013 年版，第 53 页。

③ 吴红梅、刘洪：《西方伦理决策研究述评》，载《外国经济与管理》2006 年第 28 期。

那对管理者自身、企业和社会都是有益的：对各种伦理分析工具的理解和把握，能够帮助管理者做出更好的决策，更清晰地向利益相关者解释其行为的理由。”①

上述对企业伦理决策概念的不同界定方式，体现了学术界对企业伦理决策的研究轨迹，确定研究内容、设定边界、划分层次、厘清重点、阐明过程，为学者今后的研究打下了坚实的基础。但是，其中也有尚待研究的争论等待一一化解。第一种观点显然缺乏严谨探析的精神和说服力。首先，企业伦理决策究竟是什么？其次，为什么带有伦理的决策是企业伦理决策？企业中的伦理决策与经济决策的关系如何？只有对上述问题作出判断和阐述才能使企业伦理决策理论清晰且易懂。

（二）企业决策遵循的伦理原则研究

如果说伦理决策是企业根据自身遵循的伦理原则对其决策行为作出的选择，那么企业应该遵循什么价值原则就成为学术界研究的另一重要问题。纵观学术界对于这个领域的研究主要有以下几种类型：

一元说认为只有一样东西具有内在的善。比如，快乐、善良意志、权力等，都可以作为终极内在的善存在。一元论典型的例子就是享乐主义，笔者认为，可以细分享乐主义为质和量两个维度，分别论证其与伦理决策的相关性。在个人特征中，信奉权利的马基雅维利主义已经被证明与伦理决策负相关。当然，在复杂的伦理决策过程中不可能仅仅只有一种价值观在起

---

① 张彦：《价值排序与伦理风险》，人民出版社2011年版，第110页。

作用，一元说主要被应用于特定场景的分析中。

二元说认为在伦理决策过程中主要起作用的两种价值观是目的论和义务论。

我们可以这样理解二元论，当人们在做伦理决策时，是根据行为的结果还是动机来评价决策行为的正确与否，这便是目的论与义务论的区别。义务论认为行为只有遵循了普遍的伦理规范才是合乎道德的，而目的论则认为评价行为的好坏要看其结果是否给人们带来福祉。DeMoss、McCann（1997）；Schminke（1997）；Alder（2007）；Lam、Shi（2008）都有过相关论证。

三元说提出功利主义、权利主义和正义论对伦理决策的影响作用。三元论在二元论的基础上增加了正义原则，来弥补二元论评价方式的不足。功利主义仍属于目的论，它强调结果能够为最大多数人带来最大利益，那么该行为就是合乎伦理的善行。权利主义则从个人所赋有的权利出发，来衡量决策的正确性。而正义原则正是把握决策行为应该带来结果的公平性的尺度。

1984 年至 2009 年，国外学者们先后发起了四次调研来探究管理人员的行为与其遵循的价值观之间的关系。在第一次调查中，Fritzsche、Becker（1984）调查了 539 位营销经理人，测量其在面临不同决策困境时可能采取的道德立场。调查结果显示，大多数被调查者会选择功利主义立场来应对决策困境，少数被调查人员采取权利主义立场，只有极少数人会选择正义论来决策。Premeaux 等基于 Fritzsche、Becker 的研究方法分别在 1993 年、2004 年、2009 年进行了后三次调查。四次调查相隔二十余年，中间经历无数巨变，安然倒闭，金融危机。但是，研究表明，虽然时代在变化，但是功利主义依然是主导管理人员决策的价值观。

四元说由 Forsyth（1992）提出，他认为个体价值观可以区分为关注原则和促进人类福利两大维度，即相对主义和理想主义。根据这两个维度对个体作用程度的高低又可以将个体细分为四个类型：（1）情景主义者（Situationists），代表理想主义和相对主义水平都比较高的个体。拒绝普遍的道德准则，他们认为在具体的情景中，如果行为可以带来好的结果，那么道德准则将对结果让步。情景主义主张通过具体的情景产生的结果判断行为的好坏。（2）主观主义者（Subjectivists），代表理想主义水平低而相对主义水平高的个体。同样拒绝普遍的道德准则，主张根据个人的价值观进行决策，依据实际问题设定判断标准。因此，主观主义者同时也是实用主义者。（3）绝对主义者（Absolutists），代表理想主义水平高而相对主义水平低的个体。他们认为，行为必须遵守道德准则才能带来积极的结果。绝对主义者们根据康德的道德哲学做出伦理判断，重视他人福利。（4）例外主义者（Exceptionists），代表理想主义和相对主义水平都比较低的个体。例外主义者认为遵守道德准则是合意的，但应允许规则之外的例外存在。根据 Velasquez（1998）的实证研究表明，相对主义与个人的伦理敏感性负相关，即如果某人的相对主义倾向很高，那么他对理想主义者认为有伦理问题的事件就会不敏感，甚至无法察觉。

五元说认为影响伦理决策的个人价值观应该包括：（1）利己主义。属于目的论，认为如果某行为为某一具体的个人最大限度地带来他所认为的自我利益，该行为就是正确的。（2）功利主义。同属目的论，与利己主义的区别就是，如果行为能带来最大多数人的最大利益，该行为就是正确的。（3）义务论。

强调个人权利的保护，以及与行为相关的动机而非结果。（4）公平。公平强调合乎伦理的行为应当尊重行为受众的应有权利。（5）相对主义。相对主义认为并不存在普遍的伦理法则，人们基于个人或群体的经验，从主观的角度进行伦理评价。代表性学者有 Reidenbach、Robin（1988），Beekun、Westerman（2005）等。

六元说由 O. C. Ferrell、Fraedrich（2011）提出，用于企业决策的伦理动因应该包括：利己主义、功利主义、义务论、相对主义、美德论、公正论。利己主义认为，如果某行为为某一具体的个人最大限度地带来他所认为的自我利益，该行为就是正确的。功利主义与利己主义的区别就是，如果行为能带来最大多数人的最大利益，该行为就是正确的。义务论，强调个人权利的保护，以及与行为相关的动机而非结果。相对主义认为，并不存在普遍的伦理法则，人们基于个人或群体的经验，从主观的角度进行伦理评价。美德论指，在具体情境下，某行为道德与否，取决于该行为是不是常规道德所要求的，同时也是一个成熟的有着优良道德品质的人所认为合适的。公正指基于公平进行的伦理性评价，如分配公正、程序公正、互动公正。[①]

从一元说到六元说，说明学术界对企业决策应遵循伦理原则的主张在不断加深，更说明了企业实际决策的应遵循道德推理的多元化。仅从个别原则单一的论证决策行为是否符合伦理显然是片面的，因而广大的管理者更要掌握丰富的伦理知识来化解原则多元化的争论并指引其决策行为。对于一些经常要做

---

① O. C. Ferrell, J. Fraedrich, and L. Ferrell, *Business Ethics: Ethical Decision Making and Cases*. 8th edition. South-Western, 2011.

出道德评价的管理人员来说，掌握基本的道德推理方法和工具有利于他们向他人阐述自己行为的合理性，并且可以应对多个伦理原则冲突的复杂情景。本书认为，个人价值观作为重要的伦理决策影响因素，应该引起学者的足够重视。但从大多数管理类文献看，这方面的研究相比其他影响因素还是不足的。

（三）企业伦理决策的过程及影响因素研究

关于企业伦理决策的过程研究，被西方学术界及企业界广泛认可的是 Rest（1986）的研究成果。他认为伦理决策可分为伦理认知、伦理判断、伦理意图及伦理行为四个环节，这四个环节描述了伦理决策行为外显前的心理过程，在企业实际决策中四个环节并非依次出现，但是其整体上表现为这几个方面，而且它们之间相互影响。① Rest 的研究成果为企业伦理决策过程研究提供了基本观点，之后很多学者的研究都是建立在此理论之上的整合与扩展。

例如，Hartman、DesJardins（2008）提出伦理的决策过程应该包括：（1）确认事实。努力了解事实真相，克服知觉差异造成的伦理分歧。（2）准确识别伦理问题。同时拥有准确识别伦理问题的能力，防止标准化近视或价值观短视。（3）确定和考虑决策所能影响到的利益相关者。站在不同视角考虑决策对不同利益相关者的影响，无论你代表哪一方的利益，都能接受这项决策，那么这项决策就是公平、公正且具有伦理性的。（4）比较衡量每一种选择。衡量的标准不仅包括结果及正当的理由，

---

① Rest, J R, *Moral development, advances in research and theory*. New York: Praeger, 1986.

还应该关注原则、权利、责任及决策主体的诚信和性格特征①。

企业伦理决策过程的影响因素研究是西方企业伦理决策研究领域的重点。根据研究视域的不同，综合相关文献，企业伦理决策的影响因素一般包括：道德强度、个人因素、组织因素等。

1. 道德强度

提出道德强度的概念就是为了证实伦理问题本身就是企业伦理决策的影响因素。在 O. C. Ferrell（2011）的《企业伦理学》和 Robbins（2007）的《管理学》两本书中都提到了道德强度的重要性。道德强度是由 Jones（1991）在 Rest 的伦理决策过程模型的基础上提出的，他认为伦理决策不能离开具体的情景分析，行为人之间的关系亲疏远近都将影响个体的最终决策。他将道德强度定义为行为后果严重程度、社会共识、后果发生的可能性、后果的直接性、与受害人的关系及后果的集中度六个维度，它们对伦理决策的四个阶段都发生作用。②Singhapakdi、Vitell、Franke（1999）的研究表明人们越是认为某伦理问题重要，就越不可能采取有争议或不道德的行为。另外，Carlson、Kacmar（2002）论证了在思考道德决策时应将取向（orientation）融入其中，他们认为当个人取向向组织取向移动时，道德强度的作用就会减少。建议构建一个与 Jones 理论相一致的六维度的测量标

---

① ［美］哈特曼（Hartman，L. P.）、苏勇：《企业伦理学》，机械工业出版社 2011 年版，第 23—26 页。

② Jones, Thomas M. , Ethical Decision Making by Individuals in Organizations: An Issue-Contingent Model. *The Academy of Management Review*, Vol. 16, No. 2 (Apr. , 1991), pp. 366 – 395.

准，来澄清伦理决策的过程及道德强度的作用。在 ProQuest 博硕论文数据库中共有三篇博士论文论证了道德强度对伦理决策的重要作用 Mobbs（2001）；Mencl（2004）；Roy（2009），可见道德强度作为企业伦理决策的影响因素已被学界认可。

2. 个人因素

个人因素主要包括人口统计变量及个人道德认知发展阶段。首先，个人基本状况对伦理决策的影响。O'Fallon、Butterfield（2005）对 1996—2003 企业伦理决策的实证文献进行了综述。他们发现大量文献以性别、年龄、教育程度、职业、国籍等人口统计变量作为影响伦理决策的控制变量进行研究，但研究结果并不统一。例如，以 Carroll Gilligan 为代表的女性伦理学家一般认为女性在伦理决策行为上会比男性更为道德。但大多研究表明性别对伦理决策行为的影响并不大，所不同的只是女性对伦理情景的道德敏感度更强而已。Kaplan、Pany（2009）的一项关于性别和财务报告作假企图的研究表明女性参与者比男性更愿意去检举这一行为。随着越来越多的女性走上了管理岗位，这项研究就越来越具有现实意义。另外，在公众看来广告从业者、股票经纪人、电话销售人员的道德水准是最低的，职业也将成为判断个人决策道德与否的影响因子。而对年龄变量的研究，其结论是多元的，并不一致。笔者认为，对调研对象的横向比较也是很好的伦理决策研究的切入点。

自我强度、控制点及马基雅维利主义等个人特征的影响。Robbins（2007）认为自我强度（ego strength）是衡量个人信心强度的一种尺度。自我强度强的人更能抵制冲动，能够依照自己的意志行事，所以自我强度强的人在处理伦理认知和伦理行为的关系时具有连续性，更倾向于做他们认为正确的事。Treviño、Youngblood（1990）、Baehr、Jones（1993）、Reiss、Mitra（1998）认为控制点（locus of control）是衡量人们相信自己能够掌控自己命运程度的个性特征。内控型的人认为命运掌握在自己手中，而外控型的人认为他们的命运如何全靠运气或机遇。研究证明，内控型与伦理决策正相关，外控型与伦理决策负相关。另外，O'Fallon、Butterfield（2005）的综述表明，信奉马基雅维利主义的管理者与伦理决策负相关。

其次，个人道德认知发展阶段理论对伦理决策的影响。Kohlberg（1976）认为个人道德认知的成熟度与道德意识是共同发展的，即个人的道德意识受认知的影响。个人道德认知发展阶段可以划分为前习惯（preconventional）、习惯（conventional）和原则（principled）三个层次。当个人道德认知处在第一层次时，往往只有当自身涉及后果当中时，才会对“对的”和“错的”做出反应；处于第二层次时，个人道德价值以与他人的良好关系及守法为导向；处于第三层次时，将以社会契约及普遍伦理原则为导向。①

3. 组织因素

Stevenson（1990a、1990b）认为，伦理判定是由个人决策向群体决策的转移。在决策的过程中，个人直接或间接地受到群体的影响。进入21世纪，对伦理决策过程的影响因素的分析越来越注重组织变量的作用。企业伦理顾问 David Gebler 认为，大

---

① Kohlberg, L. *Essays on Moral Development.*, The Psychology of Moral Development, S. F.: Harper and Row, 1984, p. 2.

多数不伦理行为都不是出于个人利益才做出的，而是为了达到绩效目标。个人的道德指南虽然重要，却不足以预防组织环境下的伦理行为失范。达到绩效的奖励以及公司文化、同事和经理的影响、不当行为被发现的几率是伦理决策最重要的驱动因素。综合组织影响因素的文献，本书将组织因素细分为伦理准则、组织文化等。

（1）伦理准则（code of ethics）。伦理准则是价值观在企业经营中的制度化体现，它反映了组织对员工的期望。企业伦理准则可以是利他性的，也可以是激发性的，它是构成行为准则的原理和基础。伦理准则一般会阐述违规行为被发现后的汇报方式、处罚办法以及合理程序。O'Fallon、Butterfield（2005）的综述中，18 篇文献中有 12 篇文献认为伦理准则对伦理决策有积极影响，虽然个别文章实证结果不同，但伦理准则和伦理决策的正相关关系受到了绝大多数研究的支持。[①]

（2）组织文化（organization culture）。每个组织都有文化，但其在不同的组织中的影响力是不同的。最有可能形成高道德标准的组织文化，是一种高风险承受力、高度控制并对冲突高度宽容的文化。处在这种文化中的员工，将被鼓励进取和创新，将意识到不道德的行为会被揭露，并对他们认为不现实的或不理想的期望自由地提出公开挑战。

根据组织文化对组织成员影响程度的不同，可以将组织文化区分为强文化和弱文化。Weaver（2004）、Weber（2003）、

① O'Fallon, M. J. and Butterfield, K. D., A review of the empirical ethical decision-making literature: 1996 – 2003. *Journal of Business Ethics*, 2005, 59 (4), pp. 375 – 413.

Arnold（1999）等认为组织文化的内容和力量也会影响道德行为。研究表明，强文化比弱文化对员工的影响力更大。如果管理者在强文化的组织中奉行高道德标准，那么就更有利于员工在决策过程中做出道德选择。Mishina、Dykes 通过标准普尔 500 家制造商在损失规避和傲慢两个维度对这种投机行为进行了分析。研究表明，不管是内部高愿景，还是外部高期望，都有可能增加企业的非法行为。①

另外，组织伦理氛围（organizational ethical climate）作为组织文化的重要组成部分也影响着企业的伦理决策行为。该理论由 B. 维克多和 B. A. 卡伦（Victor&Cullen）在 1987 年提出，他们认为企业中个人的伦理决策行为始终不能脱离企业环境本身而独立存在，对企业伦理氛围的考察实质上是组织伦理氛围理论在企业中的应用和实践的过程。其主要的研究内容就是组织伦理氛围对组织成员伦理决策行为的影响。

（3）组织障碍。Bazerman、Tenbrunsel（2011）在《哈佛商业评论》中发表了《道德崩溃》（*Ethical Breakdowns*）一文，详细分析了为什么优秀的人才会让坏事发生？他们认为伦理组织的五大障碍是：居心不良的目标（Ill-conceived Goals）指不当的目标和激励有可能导致消极的行为；动机失明（Motivated Blindness）是指因为符合自身的利益而忽视别人的不道德行为；间接失明（Indirect Blindness）指将不道德行为外包给第三方，从而转嫁责任；湿滑的斜坡（The Slippery Slope）是指人们无法注意

---

① Mishina, Y., and Dykes, B. J., Why "good" firms do bad things: The Effects of high aspirations, high expectations, and prominence on the incidence of corporate illegality. *Academy of Management Journal*, 2010, 53, (4), pp. 701 - 722.

到因而很难制止行为的逐渐恶化；高估成果（Overvaluing Outcomes）指因为估计结果良好而忽视行为的过程和手段不道德。[①]面对障碍，Bazerman、Tenbrunsel（2011）提出了对策性的建议：首先，在制定目标和激励时集思广益，充分估计意想不到的后果，考虑替代性的目标往往比奖励要重要。其次，根除利益冲突，要了解利益可能会增加决策的负面影响。而后，在递交或外包工作时，试问是否会导致不道德的行为，并保持决策的参与权。警惕甚至是微不足道的道德违规行为，并马上解决这些问题。最后，检测“好的”和“坏的”决策的道德意义，奖励整个决策过程，而不仅仅是“好的”结果。

不管是个人因素还是组织因素对企业伦理决策的影响，看似纷繁而复杂，但究其实质则是个人价值观与组织价值观的冲突与协调。更深入地分析，企业伦理决策就是指个人如何处理与他者之间的关系，如何平衡道德与利益之间的选择。西方企业伦理决策的研究趋势也渐渐地回顾这一主题，重视个人道德发展阶段与组织特征的关系研究，将权威观点、组织伦理氛围作为影响个人伦理决策的变量（以 Victor&Cullen 为代表）。

（四）企业伦理决策的实证研究方法

西方企业伦理决策影响因素理论的研究多建立在实证研究的基础上。首先，实证研究样本的选择。根据若干文献的统计，笔者发现西方企业伦理决策研究样本的选择主要包括学生样本和企业样本两类。在判定个人道德发展阶段时多使用学生样本，在调

---

① Bazerman, Max H., Tenbrunsel, Ann E., Ethical Breakdowns. *Harvard Business Review*, Apr2011, 89 (4), pp. 58 – 65.

研的过程中，研究人员也非常重视大学商科不同专业学生进行伦理决策的差异分析。例如，Radtke（2004）分析了会计学院学生的道德决策影响因素分析。Wittmer（1992）以学生为调查对象进行道德敏感度及道德认知过程的测定。而企业样本一般使用在对专业从业人员的研究中，例如，Donald、Arnold（2013）审计人员的道德决策问题；O. C. Ferrell、Johnston、Linda Ferrell（2007）对营销人员的道德决策模型建构等。对于研究人员来说以学生作为调研对象而获得数据是相对容易的，但笔者认为，由于学生只是未来的管理者，所以学生样本仅适用于作为前因变量的道德认知发展阶段研究，对于企业伦理决策的测量仍应以企业样本为主。

其次，企业伦理决策调研的方式多以情景模拟实验法及问卷调查为主。Alexandar、Becker（1978）提出，使用情景模拟法可以使伦理决策的情景更加真实，同时可以使得不同受访对象被调查的社会影响因素标准化。情景模拟实验法有利于学者控制环境因素，从而操控变量①。但是，它也有其缺陷，就是不能确定模拟的结果是否为受访者的真实态度。而且，在进行问卷设计时也应注意情景模拟问题的数量，问题太少则很难反映学者的研究目的，问题太多则会造成受访者的疲劳而影响问卷质量。对于获得数据的处理方法，研究表明，大多文献采用了多元回归分析。值得注意的是，我们不能根据统计方法的难易程度来区分一个方法的优劣。正如Randan、Gibson（1990）所指出的，一篇论文决定使用什么方法主要取决于该研究的理论、研究假设和可以获得的数据。

---

① 周延云、李瑞娥：《现代企业伦理决策实证研究述评》，载《经济管理》2006年第7期。

第三，伦理决策测量量表的使用。针对个人伦理判断研究时经常使用 DIT、MES 这两个量表。DIT（Defining Issues Test）称作确定问题测量，这一测量量表是由 Rest 在其老师 Kohlberg 的个人道德认知发展理论基础上开发的。它的基本方法是设定道德两难的场景，然后将各阶段的观点用问题的形式体现出来，供受访者选择，并对这些观点的重要程度进行排序，然后根据累计的分值判定受访者所处的道德认知发展阶段。研究表明，DIT 一直是进行个人道德认知发展判定的首要测量标准。但仍有学者对 DIT 提出质疑，Bay（2002）指出，Kohlberg 的理论假设和 DIT 测定往往基于经验研究，并且从 DIT 的结果只能测量个人道德认知发展程度上个别阶段的道德推理应用于解决伦理困境，DIT 的研究已经显示出低的相关性。另外，DIT 采用了西方的宗教和政治观点，在跨文化研究过程中可能出现有潜在的文化、性别、宗教和政治偏差。所以，Reidenbach and Robin（1988）开发了 MES（Multidimensional Ethics Scale）被称做多维道德量表。多用于跨文化背景下对受访者伦理意图、伦理评估与判段的差异进行测量。R&R（1988）开发的 MES 基于道德哲学的研究文献。他们确定了五个规范性的道德推理模式：正义、道义、相对主义、功利主义、利己主义。这些结构确定了“做正确的事”采用不同的方法。R&R（1988）开发了 33 个测项，并把它应用到市场营销场景。后来，R&R（1990）经过提炼和验证，将其规模设定为更简洁的 8 个测度。这个量表包括了三个推理模式，正义，相对论和道义（合约）作为伦理判断时所依据的标准。但不得不说明 MES 在研究中使用的广泛性不及 DIT。

纵观上述相关文献，本书认为西方企业伦理决策研究已经建立了一套比较成熟的理论体系及研究方法。以企业伦理决策的界定及伦理决策过程理论的探讨为基础；以企业伦理决策的影响因素研究为核心；以企业伦理的制度化为保障；以伦理决策的模型建构为企业伦理经营的实践路径。需要注意的是西方学者进行企业伦理决策分析往往仅从组织内的微观视角进行分析，而少有社会、政治、法律、经济等宏观层面影响的思考，这可能与西方独特的经济、文化背景相关。在市场经济成熟的国度，企业可以充分享有自由竞争的权利，因而其研究环境也相对独立。但是，在发展中的中国，对我国企业伦理决策的分析就应该在社会主义市场经济的背景下进行。西方企业伦理决策的理论为我国学者的研究及企业的实践提供了启示，但真正建立起适合我国企业伦理决策的践行机制则任重而道远。

（五）国内企业伦理决策研究动态

在我国，学界关于企业伦理决策的研究方兴未艾。通过对本领域研究成果的梳理，笔者认为国内研究现状呈现这样几个特征：第一，企业伦理决策理论研究以借鉴国外经典成熟理论为主，理论创新为辅，理论主张和研究范式以规范和禁止为主，以解释和预测为辅；第二，学术归属以哲学、伦理学为主，以管理学、经济学、社会学为辅，研究方法多以规范研究为主，结合我国企业实际情况的实证研究较少；第三，学界对我国企业伦理决策的研究尚处探索阶段，还未形成完整的理论体系。与国外这一领域的研究相比，我国企业伦理决策的研究不应仅局限于哲学、伦理学学科领域内，更应该受到管理学学科的重视，将企业伦理决策应用于现实的企业经营过程，对企业的可持续性发展有着重要的理论意义和现实意义。

虽然国内的相关研究起步较晚，但仍然有很多学者为企业伦理决策研究做出了重要的贡献，国内关于企业伦理决策的研究大致可以分为两类：一类是关于国外研究成果的综述性文献及译著；另一类是关于我国企业伦理决策理论与实践研究的书籍、期刊。

（一）对国外研究理论成果的梳理

对于国外文献综述具有代表性的研究学者有阎俊、常亚平、吴红梅、周延云、李瑞娥、金杨华、吕灿灿等。例如，阎俊、常亚平（2005）最早介绍了西方企业伦理决策的兴起，他们认为西方企业伦理决策应用的价值观主要有合理利己主义、功利论、显要义务论、公平公正论和相称理论。并且列举了三个伦理决策问题式模型，包括布来查德和皮尔的伦理检查模型；杰拉尔德、卡瓦纳等设计的道德决策树模型及拉克兹尼亚克的“九问式”模型，为我国伦理决策机制建设提供了理论背景。[①] 吴红梅（2006，2010）的两篇文章作为标志性的文献被以后的研究学者引用。第一篇文章系统地分析了伦理决策的内涵、特征和过程，总结了西方伦理决策代表性流派及理论模型，并以此预测了伦理决策研究在中国的发展。第二篇文章综述了基于商业决策视角的伦理观研究。主要从伦理观的概念、结构及测量方法三个方面分析了其对西方伦理决策的影响作用及确立的伦理标准。[②] 为我国学者深入伦理观研究提供了重要的启示作用。此后李晓

---

① 阎俊、常亚平：《基于综合契约论的跨文化商业伦理决策模型》，载《浙江社会科学》2005 年第 1 期。

② 吴红梅、刘洪：《西方伦理决策研究述评》，载《外国经济与管理》2006 年第 12 期；吴红梅、刘洪：《基于商业决策视角的伦理观研究述评》2010 年第 8 期。

明、王新超、傅小兰（2007）梳理的《企业中的道德决策》一文从心理学视角提出了情绪、关系两个变量对企业道德决策影响的研究展望。[①]

此外，周延云、李瑞娥（2006）从实证研究视角综合了三篇国外综述类研究文献，系统分析了西方现代企业伦理决策的影响因素、研究方法及发展趋势。为我国企业伦理决策的实证研究提供了探索模式。[②] 金杨华、吕灿灿等（2013）分析了道德解脱理论对西方伦理决策的影响。他们认为道德解脱机制是一系列使道德自我调整过程无效的认知机制，它解释了个体在做出非伦理决策时没有明显自责和愧疚的原因。基于对道德解脱文献的梳理，有利于研究学者把握其对个体和组织伦理决策的影响。[③] 为立足于我国国情的企业伦理决策研究提供了新的理论视野。以上五篇具有代表性的综述性文献是从事企业伦理决策研究的重要资料。

另外，一部分国内学者对国外企业伦理决策的相关研究成果进行了翻译，这类经典译著对于国内学者对本领域研究的借鉴意义也是不能忽视的。其中包括刘刚、程熙镕翻译曼纽尔·G. 贝拉斯克斯（Manuel G. Velasquez，2013）的《商业伦理——概念与案例》；张兴福、张振洋等翻译 O. C. 费雷尔等（O. C. Ferrell，2012）的《企业伦理学——伦理决策与案例》；

---

① 李晓明、王新超、傅小兰：《企业中的道德决策》，载《心理科学进展》2007 年第 4 期。

② 周延云、李瑞娥：《现代企业伦理决策实证研究述评》，载《经济管理》2006 年第 12 期。

③ 金杨华、吕灿灿、曲亮：《西方道德解脱理论述评》，载《伦理学研究》2013 年第 2 期。

王漫天、唐爱军翻译理查德 T. 德·乔治（Richard T. De George，2012）的《企业伦理学》；李伟等翻译诺曼·E. 鲍伊、帕特里夏·H. 沃哈尼（Noman E. Bowie，Patricia H. Werhane，2009）的《伦理学》；何训翻译 L.K. 屈维诺、凯瑟琳·A. 尼尔森（L. K. Trevino，K. A. Nelson，2010）的《商业伦理管理》；杨斌、石坚等翻译了戴维·J. 弗里切（David J. Fritzsche，1999）的《商业伦理学》等，都为国内研究学者了解国外企业伦理决策的研究现状提供了系统的理论支撑。值得说明的是，虽然在个别译著的某些章节中存在翻译理解性的偏差，从严谨的学术态度出发就有着阅读原著的必要性，但总体来说瑕不掩瑜。

（二）中国企业伦理决策理论的学科定位

学界对企业伦理决策理论的学科定位大概从对其概念的界定、研究方法、应用三个层面来展开。

1. 我国学者关于伦理决策概念的厘定

冯庆林（2006）根据目的论的观点认为伦理决策即以社会结果为判断标准分析什么样的工作或管理是符合伦理的。判断标准有三种，即效用标准、权利原则和公平原则。[①] 龚天平（2010）认为："伦理决策就是人们应用自身和社会通行的道德观念分析具有道德意义的当下情景或问题，并做出合乎道德的

① 冯庆林：《创业中的企业伦理决策问题》，载《企业活力》2006年第2期。

选择、判断等导向行为的过程。”① 张彦（2011）基于风险视角考量了伦理决策的定义，她认为：“伦理决策是根据伦理风险的发端的模糊性、内容的复杂性、后果的不确定性这些特点，依据人们的道德合理性认可程度的不同所作出的一系列道德判断与选择，从而为伦理风险的治理提供战略上的指导。”②

另有学者对伦理决策的科学内涵、内部功能及遵循的伦理准则进项的分析。例如，徐元善（2003）认为领导者伦理决策必须遵循公正、平等、人道、民主、诚信等伦理准则。③ 陈翔（2008a、2008b）认为科学发展观是伦理决策的最高追求目标，伦理决策的科学内涵应包括以人为本、社会公正、公共利益至上、决策责任四个方面。④ 陈银飞、茅宁（2009）将具有有限道德的人划分为“应该自我”和“想要自我”，他认为“应该自我”和“想要自我”在决策的预想、行动与评价三个阶段的作用是不同的，决策主体若能认识多重自我的存在便可以克服行动阶段道德意识的衰退与评价阶段的认知扭曲。⑤

---

① 龚天平：《伦理管理：当代企业伦理的践行机制》，载《上海财经大学学报》2010 年第 4 期。

② 张彦：《基于风险考量的企业伦理决策研究》，载《自然辩证法研究》2008 年第 8 期。

③ 徐善元：《论领导决策的伦理境界》，载《理论与改革》2003 年第 5 期。

④ 陈翔：《伦理决策理论的时空背景及哲学底蕴》，载《求实》2008 年第 7 期。

⑤ 陈银飞、茅宁：《从有限理性到有限道德——论伦理决策的有限性》，载《江苏大学学报》2009 年第 6 期。

2. 我国学者关于企业伦理决策研究方法的讨论

高小玲、苏勇（2007）一文界定了企业伦理决策研究方法的应用。文中细分了规范研究和经验研究的区别与联系，他们认为应从规范研究和经验研究结合的方式分析企业伦理决策的问题，只有这样才可以克服两者分离的缺陷。并建议从关系的视角突破企业伦理研究的困境。[①] 张彦（2011）认为伦理决策研究应采用情景分析方法和透视分析方法来探析道德困境和伦理风险，从而做出正确的价值排序和合理的价值选择。[②] 李硕（2010）通过访谈的质性分析方法诠释了管理者伦理决策过程及影响因素。王静怡（2012）从计算机情景模拟的人机交互实验法讨论了关系对伦理决策的影响。纵观部分研究文献，本研究认为对于企业伦理决策的研究方法的应用，应遵循规范研究与实证研究结合的方式，并突出具体道德情境下的伦理判断和伦理考量。

另有学者提出了企业伦理决策理论模型的建构。部分学者从规范研究层面对企业伦理决策提出了见解。例如，周祖城（2003）提出的二层次决策伦理评价模型，包含可接受层次和满意层次两个层面。可接受层面的决策标准是合法、被利益相关者所接受；满意层面的决策标准是符合社会整体利益、公正、弘扬美德、利益相关者双赢，符合企业长远经济利益的。该文

① 高小玲、苏勇：《企业伦理研究的困境与突破——一个关系主义的新视角》，载《软科学》2007 年第 3 期。

② 张彦：《价值排序与伦理风险》，人民出版社 2011 年版，第 45 页。

的意义在于提出了分层次伦理评价的必要性。[①] 阎俊、常亚平（2005）提出了建立在综合契约论基础上的我国企业伦理决策模型。郭广银（2006）建构起转型期中国企业管理伦理的“二阶段决策理论”：包括第一阶段“是否符合道德规则”和第二阶段“是否追求道德理想”的模型，为转型期中国企业管理伦理决策提供借鉴。[②] 陈翔、路艳娥（2011）的文章分析了伦理决策的宏观影响因素，提出了包容性增长路径，并指出该路径的目的是让经济发展成果惠及所有人群，在可持续发展中实现经济社会协调发展。杨良奇（2011）提出从功利理论看现代企业管理者的伦理决策，其理论视角来源于“为最大多数人谋取最大利益”的功利主义思想。他认为应以实现“利益相关者利益最大化”为决策的核心标准。侯亚丁（2011）提出了企业伦理决策的现实路径，即由内部价值到外部工具的企业经营行为附加、企业管理边界约束、企业经营行为支撑三个层面建构。

还有学者从实证研究层面对企业伦理决策进行了研究。例如，叶文琴（2004）结合西方伦理决策的若干研究成果，将企业伦理决策的过程界定为伦理认知、伦理判断、伦理意图三个部分。并以复旦、浙大两所院校的工商管理进修班的学员为研究样本，通过实证研究分析了三部分的关系。研究表明，伦理认知、伦理判断、伦理意图构成企业伦理决策过程是可行的、正确的。李静（2005）通过博弈论的基本思想，建立在数学分析的基础上，对效益最大化的伦理行为和经济行为进行选择。

---

① 周祖城：《论道德管理》，载《南开大学学报》2003 年第 6 期。

② 郭广银：《转型时期中国企业管理伦理的重构》，载《齐鲁学刊》2006 年第 4 期。

她将此模型定义为企业伦理的经济性决策模型。夏恩君、薛永基、刘楠（2008）根据利益相关者理论建构了四层面企业利益相关者模型，并确立了企业伦理决策的指标体系，建立了较实用的计量模型。并对该模型进行了实例分析。该模型的好处是简洁、实用，但该模型最大的缺陷就是缺乏伦理决策的情景考虑，理论假设较单一。金杨华、吕福新（2008）以“浙商”为研究对象，将关系取向细分为“求利”和“寻租”两个维度、四种类型。通过实证研究论证了这两个维度对企业家伦理决策的影响程度。到目前为止，该文一直是中国企业伦理决策创新性理论研究的标致性文献。王进（2010）的文章以企业员工为调研对象，探讨了道德成熟度、道德强度和伦理氛围对伦理决策的影响。通过回归及 ANOVA 分析结果发现：道德成熟度对道德强度认知有正向影响关系，并通过它影响伦理意愿。在人际亲疏关系为疏远的条件下，道德强度认知对伦理决策意愿为正向影响关系，功利导向性气候则通过道德强度认知对伦理决策意愿施加负影响关系。该文从三个维度探讨了企业伦理决策的影响因素，对于本领域的实证研究奠定了范例性的基础地位。

3. 企业伦理决策理论的应用研究

程新宇（2007）详细分析了工程决策中的伦理问题及对策研究。他认为合理的决策机制和决策程序可以规避工程决策中的伦理问题。另外，齐艳霞（2009）从责任、功利、公正及生态四个角度分析了工程决策的伦理内涵。郝云宏、林仙云、曲亮（2012）分析了上市公司大股东的控制权私利对小股东的影响。建议从制度、行为及伦理决策的整合性框架，识别控制权私利行为，打开大股东控制权私利的“黑箱”。谭艳艳、汤湘希

（2013）将伦理决策理论应用于会计伦理决策层面，致力于探析会计伦理决策的影响因素。在国外对于这一领域的研究是非常之多的，但在我国该文是本领域的第一篇实证研究文献。

纵观国内关于企业伦理决策研究的相关文献，笔者认为，关于企业伦理决策的研究还并不完善，呈现出离散分布的状态，各区域研究发展不均衡。研究内容以介绍国外经验为主，缺乏系统性的理论构建及对策性分析。另外，虽然国外的研究成果对我国企业伦理决策理论研究有着重要的借鉴意义，但在跨文化变迁的背景下，分析国外理论对我国国情的适用性研究也仍然是不足的。

（三）当代企业伦理决策研究的总体特征与展望

对于企业伦理决策研究，西方，尤其是美国走在了世界的前列，建立了一套比较成熟的理论体系及研究方法。相比之下，我国关于企业伦理决策的研究还不完善，呈现出离散分布的状态，各区域研究发展不均衡，研究成果以浙江高校为最。研究内容以介绍国外经验为主，缺乏系统性的理论构建及对策性分析。另外，虽然国外的研究成果对我国企业伦理决策理论研究有着重要的借鉴意义，但在跨文化变迁的背景下，分析国外理论对我国国情的适用性研究也仍然是不足的。因此，建立在规范研究和实证研究基础之上的企业伦理决策研究，不仅有利于人们深刻把握伦理决策过程及其影响因素，更有利于构建在中国背景下的企业伦理决策框架及对策性分析，对中国企业的长远发展也有着重要的指导意义。

根据我国企业伦理决策理论研究的现状和存在的问题，结合目前企业经营领域凸显的道德问题分析，伦理决策研究在未来企业管理领域中将成为一项重要的课题。未来企业伦理决策研究应从三个层面把握，首先应奠定企业伦理学在高等教育中的基础学科位置，其次应建立企业伦理决策理论的研究体系，最后应确立企业伦理决策理论的研究方法。

1. 奠定企业伦理学在工商管理类专业的基础学科地位

目前，在我国企业伦理学主要设立在 MBA 的教学实践中，仅有个别高校将其作为选修课进入本科学生课堂，大部分院校没有开设这门专业，而在西方国家大中专院校将本学科作为工商管理类的重要基础专业设定。吴红梅（2011）从中美关于商业伦理教育的差异，分析了提升商业人员伦理决策能力的路径。她认为美国社会及商学院对商业伦理始终保持高度的关注，使得伦理决策研究取得了巨大的进展，在企业中管理者也积极地制定企业伦理计划来预防伦理风险。相比之下，在中国，一切向“钱”看的快速致富心理妨碍了企业伦理项目的进行，企业普遍性的败德行为已经严重危害社会的稳定、经济的健康发展及市场的有序运行。而中国高校对商业伦理教育却存在普遍的普及率低和教学资源匮乏的尴尬境遇。面对这种处境，笔者认为理论的发展首先要确定学科的地位。

2. 建立企业伦理决策理论的研究体系

从目前我国学者对企业伦理决策理论的研究现状看，建立本理论的研究体系是迫切的。对于企业伦理决策研究，西方，尤其是美国走在了世界的前列，建立了一套比较成熟的理论体系及研究方法。当然，对国外理论的适用性研究存在转化的问题，并不是要全盘接受。值得借鉴的是，对于企业伦理决策理论的研究体系的构建是一项系统工程，涉及个人、企业、社会三个层面。企业伦理决策的框架可以通过三方面来解读：一是企业伦理决策是什么、怎样进行和为什么要这样进行；二是企业做出伦理决策受哪些因素的影响，这些因素之间的关系如何及为什么由这些因素组成；三是提出针对性的制度保障对策建议。

3. 确立企业伦理决策的研究方法

企业伦理学就是运用伦理学的视角、管理学的方法探析企业伦理问题的成因及解决问题的方法，所以规范研究和实证研究在本学科领域中都是不可或缺的。本书认为如下的研究方法可适用：第一，问卷调查与访谈相结合。例如，在进行伦理决策过程判断时可以使用 Rest（1986）的四环节判定方法；道德强度可以用 Jones（1991）的六维度权变模型；个人道德成熟度的判断可以通过 Kohlberg & Rest（1979）开发的确定问题测定量表（defining issues test，DIT）调查分析；企业伦理氛围可以通过 Victor 和 Cullen（1988）开发的组织伦理氛围问卷（ethical climate questsonnaire，ECQ），以此了解组织成员对组织特定伦理氛围的认知情况。第二，研究的样本选择多以企业从业人员为主，突出在道德情境下的个人的伦理认知、伦理判断、伦理意图及伦理行为的分析。也可以以高校的学生为样本，探讨个人道德发展阶段对决策的影响。第三，系统分析法和跨学科研究法。应遵循系统研究思路，强调企业伦理决策长效机制的探寻，并综合运用企业伦理学、管理学、伦理学、组织行为学等相关学科理论对企业伦理决策进行了跨学科研究。

三、本书的基本思路与研究方法

（一）本书的研究思路与框架

企业伦理学是管理学与伦理学双向互动、相互交融的交叉学科。他既是企业管理学的重要分支，也是应用伦理学的主干之一。从 19 世纪 70 年代起，企业伦理学以现代市场经济和现代企业制度中的经济利益和伦理道德矛盾冲突问题为研究对象，成为一门独立的学科。因为交叉学科的特质，学者们可以从不同的研究视角进行讨论，既可以将企业管理活动进行哲学伦理学的抽象，研究企业管理伦理这种价值形态，又可以将企业伦理理论应用到企业管理活动中，指导企业管理实践。

本书的研究思路是，细分企业伦理决策理论所包括的研究内容，确定不同研究内容的研究方法。技术路径是，立足于企业伦理决策的基本理论；评价企业决策的伦理原则，突出价值排序与优先性选择在复杂决策过程中的应用分析；以企业管理的实际情况为切入点，从个人、企业及社会三个层次系统分析企业伦理决策的影响因素，并进行以中国企业为样本的定量检验；最后，提出适用于中国企业伦理决策的实践机制。

企业伦理决策的框架可以通过三方面来解读：一是企业伦理决策是什么、为什么要这样进行和怎样进行；二是企业做出伦理决策受哪些因素的影响，为什么由这些因素组成及这些因素之间的关系如何；三是提出针对性的对策建议。企业是社会中的一个复杂组织，本书认为在设计企业伦理决策框架时，应该把影响企业人伦理决策的因素分析作为重点来把握，为管理者提供更多的知识理解组织伦理，从而促进伦理行为。这将有助于企业提高管理效率、规避伦理风险、提高管理者伦理决策能力、增强企业凝聚力。

本书的基本内容，导论部分，就本书选题的背景和意义，研究的内容、方法和角度以及难点和创新之处进行必要的介绍。文献综述部分主要是对已有的国内外研究进行一个较为详尽的述评，以使得对已有研究全貌有深入的了解。具体来说包含：一是企业伦理决策的内涵研究；二是企业决策遵循的伦理原则研究；三是企业伦理决策的实证方法研究；四是国内企业伦理决策研究动态。

第一章主要介绍企业伦理决策的理论基础。第一节详细描述企业伦理决策的概念的形成、内涵、功能及特点。第二节对目前学术界企业伦理决策研究的理论观点及主要理论模型做分析和介绍。最后，根据企业伦理决策的困境与选择，提出了本研究理论模型的建构。

第二章主要是针对企业决策遵循的伦理原则进行的分析。就企业伦理决策研究而言，伦理原则是企业认知伦理问题做出伦理决策的依据和准绳。因而，本章主要介绍了企业决策遵循伦理原则的多元化及我国企业面临的价值排序问题。在此基础上，提出了价值原则的选择，一般及特殊情况下的两种价值排序方法。

第三章主要是针对企业伦理决策相关行为的现实考察。通过问卷调研的描述性统计分析，讨论伦理问题的道德强度、企业人道德认知发展阶段及组织伦理氛围三个方面可能对企业伦理决策行为产生的影响。在本研究中，本章起到承上启下的作用，本章中对若干伦理问题的价值判断是以第二章为基础的，并且本章得出的结论则是第四章实证部分研究假设的由来。

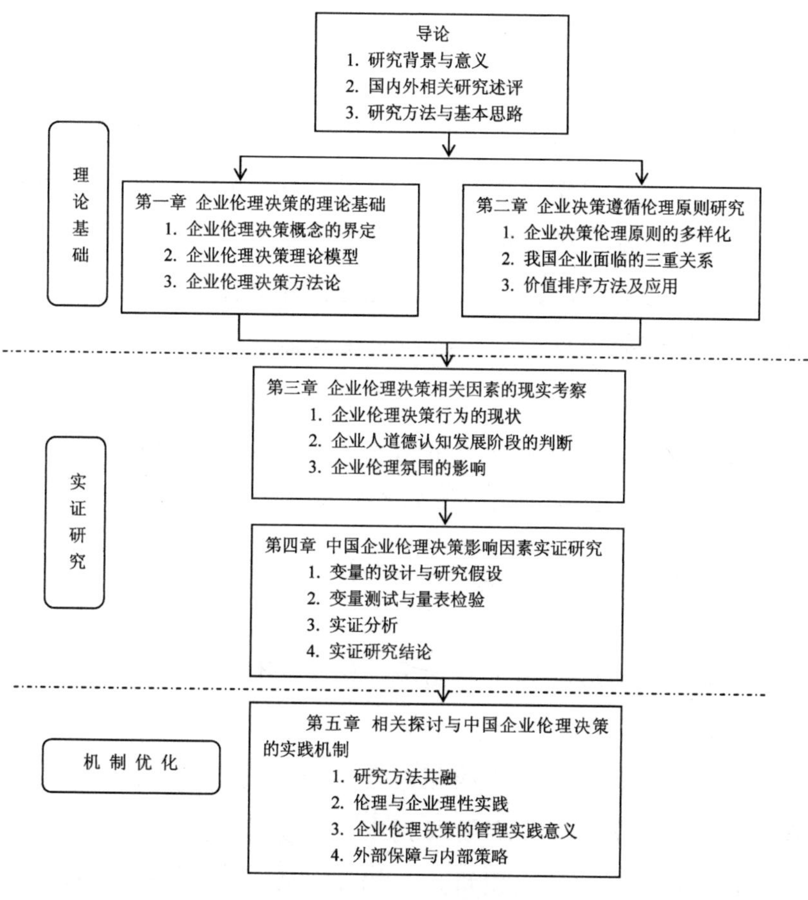

图 0－1 本文框架结构

第四章主要是进行中国企业伦理决策过程及影响因素的实证研究。根据第三章的判断提出研究假设，基于实证调查数据，利用分层回归模型讨论道德强度、决策主体的个人道德认知发展阶段和组织伦理氛围对企业伦理决策三阶段的影响。这一章研究表明，伦理认知、伦理判断、伦理意图是伦理决策行为外显前的心理过程，对伦理行为产生影响。另外，道德强度的三个维度与伦理决策过程的三阶段显著相关；个人道德认知发展阶段对企业人的伦理决策有较显著的预测作用；塑造积极、向上的组织伦理氛围对企业伦理决策行为有促进作用。

第五章主要是相关探讨和中国企业伦理决策实践机制，本研究认为企业是道德主体，企业伦理决策研究可以实现规范和实证研究方法的共融，伦理融入管理可以有效地指引企业理性实践。中国企业伦理决策实践机制包含外部保障和内部策略两个方面：完善的市场制度和法律制度及监管是企业践行伦理决策的保障；领导者的伦理领导力是企业实践伦理决策的前提；积极向上的组织伦理氛围是组织成员伦理决策的基础；开发有效的伦理项目是企业实践伦理决策的策略。

（二）本书的研究方法

根据本书的选题和企业伦理学的学科性质，笔者确立了如下的研究方法：

其一，问卷调查与访谈相结合。问卷设计将综合使用道德强度测定、道德认知发展阶段判定、组织伦理氛围测量三个量表，并针对不同的研究项目进行相关的设计。本研究的样本选择将以企业从业人员为主，突出在道德情境下的个人的伦理认知、伦理判断、伦理意图及伦理行为的分析。

其二，规范研究和实证研究相结合的方法。对于本书提出的问题，在理论层面进行论证的基础上，通过相关性分析、回归分析方法，在实证层面上论证本文的观点。导论部分、第一章企业伦理决策的基本理论部分采用荟萃分析，系统摸排企业伦理决策理论研究的现状、特点及存在问题；第二章主要讨论企业决策依据伦理原则的价值排序方法，采用价值分析法研讨企业决策行为中的善恶价值取向问题；第三章将运用情景分析法、描述性统计和规范研究进行定性分析；第四章在问卷调查所获的研究样本基础上进行相关性、分层回归等方法确定企业伦理决策三个过程的相关性，以及个人道德发展阶段、道德强度、组织伦理氛围这三个因变量对伦理决策三个过程的影响。

其三，系统分析法和跨学科研究法。本研究遵循系统研究思路，强调系统的企业伦理决策机制研究的思考。综合运用了企业伦理学、管理学、伦理学、组织行为学相关理论对企业伦理决策进行了跨学科研究。

第一章
企业伦理决策的理论基础

本章节主要阐述企业伦理决策的基本理论构成。首先，对企业伦理决策的概念进行界定。其次，梳理已有相关理论模型及观点，发现存在争议的问题。最后，构建企业伦理决策的理论模型。

第一节　企业伦理决策概念的界定

一、企业伦理决策的内涵

以西蒙为代表的决策理论学派认为，管理就是决策。决策是包括情报、设计、抉择和审查等一系列活动的过程；管理的核心是决策，它贯穿于整个管理过程中。

决策时常伴随着风险，企业的伦理决策就是要认清企业的伦理风险，并在伦理风险的情境中寻找规避风险的可能途径。

企业的决策行为可以进行伦理评价，这是由企业的性质决定的。企业和利益相关者的关系往往是一种客观存在，即使管理者并未对这种关系进行道德假设，企业也不能脱离如何处理企业与利益相关者关系的思考。

（一）企业伦理决策的概念

目前，学术界对企业伦理决策概念的阐述存在争议。争论的焦点就是企业中的决策是否都与伦理相关？

本研究认为，企业根据获得的信息，选择某种方式活动，其行为产生的结果将对社会带来有益的或有害的影响，从而产生伦理效应。带有价值判断的企业决策决定着企业活动的目标及其是否愿意承担相应的社会责任，这就是企业决策蕴含的伦理属性。但企业决策并不都是伦理决策，在企业经营和管理过程中与价值判断相关的决策才可称之为伦理决策。价值判断关乎个人的内心选择，在伦理决策的过程中始终贯穿着道德情感。如果说决策主体伦理决策时的背景或境遇是其基本变量，伦理原则就是决策主体内心的永恒标尺。

伦理决策与一般决策的共性。首先，决策都可以视为主体（组织或个人）对客观世界信息加工的认知过程，决策是一系列复杂过程的综合体现，都包括识别问题、掌握信息、判断分析信息等阶段；其次，任何决策都会受到影响因素的影响，例如，决策主体的个人素质、组织特征和社会环境的制约。决策主体无疑会将自己的情感融入决策当中，决策行为本身也体现着主体的需要和偏好。

伦理决策与一般决策的差异。首先，伦理决策的主体可能会面临伦理困境，使其必须对自己的决策行为进行伦理辩护，个人价值观、道德发展阶段和组织氛围是其进行伦理判断和伦理评介的首要影响因素。其次，伦理决策过程往往是心理活动过程，先有伦理判断才有伦理行为。最后，企业决策并不都是伦理决策，在企业经营和管理过程中与价值判断相关的决策才可称之为伦理决策。

（二）伦理决策的主体与伦理决策的依据

部分学者对伦理决策的主体进行了分析。个人的伦理决策（individual ethical decision-making）是指当决策主体对他人就平等、正义和权利等有关伦理问题产生影响必须做出抉择时，伦理道德因素是决策的主要考量特性；也就是说伦理决策是与他者有重大影响且伦理相关，关乎对与错的判断，其选择有明显的特征性及开放性。① 值得注意的是，个人在企业中必定要受到组织的影响，那么个人决策就会向组织决策转移，与他人讨论，希望自己的“偏好性”观点可以得到修正。Stevenson（1990a、1990b）认为，伦理判定是由个人决策向群体决策的转移。在决策的过程中，个人直接或间接地受到群体的影响。

企业的伦理决策主体包括个人和组织两个层面，可以称为个体决策和集体决策。个体决策的主体可以是管理者，也可以是对企业发展起到关键作用的一线员工。集体决策体现为头脑风暴、名义小组、德尔菲等方法的运用过程，是集体智慧的融合。管理者决策主要体现为战略层面和核心价值的确定，员工决策则反映企业战略部署的实践和对企业价值观的领悟。企业伦理决策行为是管理者与员工内在价值观协调后的外显。

员工个体是组织的基本组成部分，如主管、财会人员、技术工程师及销售人员等，对企业重要资源有处理或支配的权力。

① 张彦：《基于风险考量的伦理决策研究》，载《自然辩证法》2008 年第 8 期。

忽视员工个体决策行为，不利于企业凝聚力的实现，也不利于企业价值观的延伸。目前，学界有大量研究成果来自于员工越轨行为的成因分析，可见员工作为企业的重要利益相关者，其决策行为应该受到必要的重视。提出个体决策的目的是，为了反映个人在面对伦理困境时的抉择过程。分清伦理决策的主体是非常必要的，因为主体要为决策负相应的责任。

当个人在群体的环境下做出抉择，某一行动方案的后果就不仅取决于个人对特定方案的选择，还取决于该群体中其他成员的选择，这就是个人决策向集体决策转移的过程。这一过程不仅仅是个人行为选择方案的转移，也包括个人价值观与组织价值观的碰撞。如果说一般决策是通过主体之间事实层次的沟通和协调来完成，伦理决策则反映的是决策主体的价值偏好，即价值偏好的选择。

另有学者从企业决策所遵循的伦理原则视角定义伦理决策。Kelman、Hamilton（1989）提出合法的、在义务上为社会大多数人所接受的决策就是合伦理的决策；反之，非法的、在义务上为社会大多数人所不接受的决策就是不合伦理的决策。[①] 冯庆林（2006）同样根据目的论的观点认为，伦理决策即以社会结果为判断标准分析什么样的工作或管理是符合伦理的。判断标准有三种，即效用标准、权利原则和公平原则。在综述部分的分析中，可以观察到学者可以以不同的伦理判断标准树立决策方式，而进行判断的依据就是一些基本的价值原则。例如，效率、权利、公正、关怀等原则。根据伦理判断的依据的不同，判定决

---

① 吴红梅、刘洪：《西方伦理决策研究述评》，载《外国经济与管理》2006 年第 12 期。

策好坏的标准也是不同的。既然标准不同，那么在实践过程中要如何操作？这就成为伦理决策理论所面临的尴尬，也是本研究致力于分析和解释的问题。

目前，一些学者对于价值排序和优先性原则进行了深入的理论探究，试图解开当代社会价值多元化的迷局，并从多维视角讨论了道德主体在进行价值排序和伦理决策时可能直面的道德困境，为如何走出道德困境提出了相应的对策。那么，企业作为社会中的重要一员必然受到法律和社会隐性规定的制约，丰富管理者和员工的伦理知识，使其能够充分运用伦理准则进行伦理判断促成伦理行为，就显得尤为重要和迫切，这也是第二章要讨论的重点。

（三）伦理决策的边界

纵观学界对这一问题的研究，多沿用了 Kelman 和 Hanmilton 的观点。一个决策必须满足如下三个条件才能称为伦理决策：第一，决策的对象涉及伦理问题，即具有伦理内涵、受人类基本伦理规范制约；第二，决策主体是具有自由意志的伦理主体，他能意识到伦理问题的存在，能够做出判断和实施行动；第三，人们可以对决策结果做出“合伦理”和“不合伦理”的判定。①

决策总是与权力和这种权力的行使方式联系在一起。权力和责任是一组相称的命题，决策主体必须秉承权责对等的行为约束，才能彰显伦理决策的意义。Kelman 和 Hanmilton 从决策的对象、决策的主体、决策结果可判定三个层面对伦理决策的条

---

① 吴红梅、刘洪：《西方伦理决策研究述评》，载《外国经济与管理》2006 年第 12 期。

件进行了约束。这三种约束条件固然值得认可，但是试问一个决策如果忽视了责任命题，如何能称之为伦理决策？所以，应该提出第四个约束条件，那就是决策的主体必须为决策行为负责，即伦理决策过程始终贯穿着责任命题。

组织中的责任命题如此重要，为什么在伦理决策的满足条件中会被忽视？L. K. Trevino（2010）认为，责任在组织里往往是分散的，为了建立人们认为正确的事情和他们实际做的事情之间的联系，人们必须对他们行为的结果负责。所以，个人责任感是道德行为的前提。个人可能不觉得对他的组织行为负有责任的原因至少有四个：责任分散了；这是与决策团队中的其他成员一起做出的；在组织层级中道德变得模糊；与潜在受害者的心理距离消解了。企业集体作为责任主体并不应该淡化和否认个人所承担的道德责任。个人所应负的责任与他在企业中所拥有的权力和影响力相对应。关于提升个人责任感的实用建议，管理者要明确指出决策的目的和预期；要保证让有顾虑的员工了解到决策的过程和结果；并保证组织部门的信息和责任共享。研究表明，扁平化的管理结构更有利于组织层级之间的交流，促进伦理决策质量的提升。

（四）伦理决策的过程

伦理决策的过程体现为心理活动和实践活动两种方式。内心活动体现为决策主体对决策行为的感知、判断过程，体现为一种内心活动。当我们看到或听到的某些企业的丑闻时，是企业的现实“不道德行为”。依据常识，在这些现实“行为”发生之前，企业人必然还有一个我们大多数人看不见的“决策”过程，即应该是先有“不道德决策”，而后才有了这些“不道德行为”。[①] 这个行为尚未外显之前，决策主体的内心活动，就是伦理决策的过程。另一方面，伦理决策也是企业的实践活动过程。除了对道德判断标准进行研究和评价外，还对在一定环境下应该如何行动提出规范性建议，即用理性方法来回答和解决人们在现在以及将来可能遇到的问题，对决策提出建议。这种用伦理标准来指引企业决策行为的过程也可以称之为伦理决策过程。[②]

伦理决策的心理活动方式，主要体现在决策主体个人决策过程中，而伦理决策的实践活动方式，主要体现为企业的集体决策过程中。对伦理决策过程的细分是为了明确本书的研究内容和主线：首先，厘清企业中个人伦理决策行为的影响因素，从而改善企业环境、提升个人自身修为；其次，将伦理引入企业现实决策中，形成企业伦理决策战略，促成企业伦理决策行为。

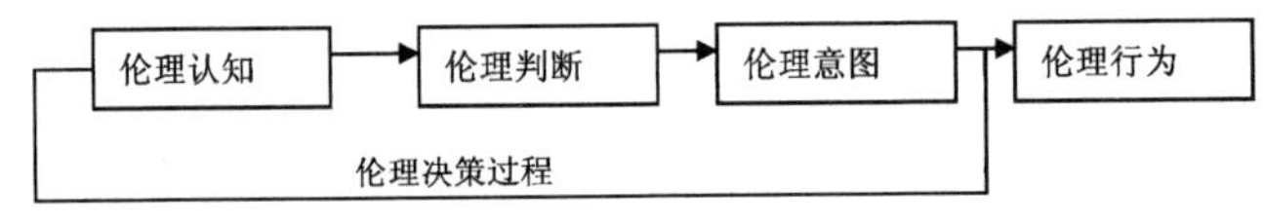

图 1－1　Rest 伦理决策过程模型

目前，学界的伦理决策过程模型也分为两类：一类是分析个人伦理决策过程的影响因素（以 Rest、Trevino、Jones 等为代

---

① 叶文琴：《企业伦理决策过程的构成要素及其相互关系模型与实证》，载《软科学》，2004 年第 4 期。

② 于惊涛、肖贵蓉编著，《商业伦理——理论与案例》，清华大学出版社 2012 年版，第 50 页。

表）；另一类强调伦理指标在企业决策过程中的过滤器作用，是企业战略思维的重构（以 Fritzsche、Carroll、Blanchard 等为代表）。值得说明的是，中西方学者大都基本认可 Rest（1986）的伦理决策过程模型。Rest 将伦理决策作为决策中一种特殊的形式划分为四个阶段：伦理认知、伦理判断、伦理意图、伦理行为。伦理认知是指对伦理问题的了解程度；伦理判断是指决策者应用所遵循的道德标准对决策方案进行评价；伦理意图是指个体主观上选择什么样的行为；伦理行为是指客观上实际选择的行为方式。他认为，前三个阶段描述了行为外显前的心理过程，在实际决策中四个环节并非依次出现，但是伦理决策过程整体上表现为这几个阶段，而且它们之间相互影响。①

二、企业伦理决策的特点与功能

（一）企业伦理决策的特点

管理学者霍斯曼（Hosmer，1987）认为一项伦理决策的特点涉及五个方面：第一，后果的广泛性——绝大多数伦理决策具有广泛的后果；第二，选择的多样性——许多伦理决策都是在有多种决策方案可供选择的情况下作出的；第三，结果的复杂性——一项伦理决策的作出可能有许多不同的混合的结果出现；第四，结果的不确定性——很多伦理决策具有不确定的后果；第五，决策的个性化——很多的伦理决策带有明显的个体性特征的含义。因此，一项伦理决策的作出要比一般决策复杂得多。

① Rest J. R.，Moral Development，*Advances in Research and Theory*，New York：Praeger，1986.

（二）伦理决策的功能

第一，伦理决策有助于提高决策质量。符合伦理的决策往往是管理者全局观、发展观的综合表现，是企业树立正确目标的途径。高瞻远瞩的企业由价值观驱动，能够从繁琐的做法和商业谋略中分离出他们永恒不变的核心价值和经久不衰的使命。这一使命会受到利益相关者的认同，更能鼓舞企业员工满怀信心地去进行实践活动。企业伦理决策的本质要求就是提高决策质量和获得长久的经济效益。

第二，伦理决策有助于顾客满意。成功的企业战略中最重要的因素之一就是顾客满意。对大多数企业而言，顾客的重复购买、与顾客建立持久的相互尊重和相互合作的关系，对于企业的成功至关重要。伦理决策有利于企业与顾客建立这种持久的合作关系，因为其为顾客提供反馈的机会，让顾客参与解决问题。如果企业拥有很强的伦理环境，它通常会聚焦于“顾客利益第一”这一核心价值观。一个重视顾客的伦理文化在决策和行动时会同时考虑所有员工、供应商及其他利益团体的利益。伦理地对待顾客可以建立起强大的竞争优势，对企业绩效和产品创新都有积极的影响。

第三，伦理决策有助于员工承诺与信任。组织由个人组成，要想把组织中的个人团结为一个集体，就需要了解员工的需求，同时让员工了解企业。伦理决策行为就是管理者和员工良好沟通的实践过程。伦理决策有助于巩固员工和投资者的忠诚，并能在企业中建立一种友好的组织氛围，形成强大的凝聚力。遵循伦理是企业凝聚力的基石，是培养向心力和认同感的关键。激励通过人的动机起作用，能够激发、推动和加强人的工作热情。激励的对象是组织范围中的员工或领导。将道德准则融入管理决策行为，可以协调组织和个人的利益关系，使组织成员自觉地将个人利益与组织的使命紧密联系在一起，形成群体价值观。群体价值观不仅具有向心力，同时具有约束力，规范人的行为。判断善恶行为的标准产生后，组织内的每个成员就会将自身的行为向组织的共同伦理标准靠拢，形成坚定的信念，并树立勇于克服困难的决心。①

第四，伦理决策有助于增加企业长久的经济效益。良好的企业绩效和伦理决策的践行是相辅相成的关系，企业拥有更多资源，就能在服务顾客、重视员工、建立公正信任的同时，践行社会责任。伦理地对待客户可以建立起强大的竞争优势，并能够对企业绩效和产品创新产生正面影响，从而带来更好的绩效。企业践行伦理决策正在成为战略计划的一部分，这有利于获得更高的利润率。伦理决策正成为努力获取竞争优势的内在管理议题之一，而不只是一个合规项目。

三、企业伦理决策的可行性、必然性、特殊性

（一）企业伦理决策的可行性

企业决策和经营活动中，始终围绕着两个基本的概念，就是经济与伦理。如何处理经济与伦理的关系就是企业伦理决策的基本问题。伦理在企业中的作用到底是不可避免还是不可或缺成为企业伦理学的追问，学界的观点存在争议。

---

① 徐元善：《论领导决策的伦理境界》，载《理论与改革》2003年第5期。

经济效益是企业经营获取的利润，伦理融入企业决策是实现企业利润的合理获取，只有这样企业经营才能够良性发展。主张经济和伦理一致性的观点认为："在现实的企业中，经济和伦理说到底是一个问题的两个方面。既没有脱离伦理关系的纯经济关系，也没有脱离经济关系的纯伦理关系；企业的生产和生产过程是人的素质包括道德素质的物质体现；道德是企业的无形资本，企业的经营效益与经济成就是人的道德价值观的物化，是既定的伦理关系和伦理精神的结晶；企业人追逐利润和利益的行为实质上是他们追求人生价值实现的物质表达方式；而所有道德观念其实是人们经济利益、经济关系的集中反映。"① "在管理层级中所处的等级越高，管理者要考虑的社会范围就越广，评价上的偏见就对他越有害，管理者摆脱狭隘认同观念的束缚也就越重要。"② 为了避免成为企业界的"流星"和"昙花"，优秀的企业家应该同时具备"智商"、"情商"、"德商"三种素质。"德商"就是从情商中分离出的道德智力，指人的德行水平和道德人格品质。

管理的本质是管理者协调他人的活动，使他人同其共同实现既定目标的过程，这个过程使得个人的努力与集体的目标一致。企业作为管理的载体，是复杂的组织体系中的一员，并不孤立。企业的决策行为关乎众多利益相关者的利益，企业要想使其决策具有成效，就必须使其目标与利益相关者目标协调一致。如何正确的处理企业与利益相关者之间的关系正是伦理所

---

① 刘可风、龚天平、冯德雄主编：《企业伦理学》，武汉理工大学出版社 2012 年版，第 12 页。

② ［美］赫伯特·A. 西蒙：《管理行为》，詹正茂译，机械工业出版社 2013 年版，第 11 页。

要回答的问题。管理行为就是决策行为，企业的效益和效率取决于正确的决策。正确决策的特征就是要具有伦理指标考量，伦理与经济、技术等指标共同影响企业决策。只有与社会的发展、利益相关者利益相符合，决策的可行性才有保障。

（二）伦理融入企业决策的必然性

亚当·斯密（Adam Smith）的"看不见的手"原理指出，当每个人在追求他个人利益的时候，他好像被一只看不见的手引导着去实现公共的最好福利。这只"看不见的手"就是指市场机制，值得注意的是市场机制设立的前提是在价格既定、产品同质、信息充分、资源配置有效的假设下。但事实是，完全竞争在现实中几乎不存在。保罗·A. 萨缪尔森（Paul A. Samuelson）分析道："按照经济学者对于完全竞争的理解，竞争在目前肯定是不完全的。我们甚至不能肯定——随着生产和技术的基本性质驱使企业不断扩大——竞争是更完全了还是更不完全了。"①

外部效应和不完全竞争是两个最重要的市场失灵的情况。外部效应包括积极效应和消极效应，当经济活动溢出市场之外的时候，"看不见的手"还可能使经济误入歧途，这便是消极效应。比如，一家印刷企业将污水排入河流，污染的河流影响了附近居民的生活，而企业又不为此支付任何费用的时候，就会出现溢出或者外部效果的表现。消极的外部效果有很多种类：假冒伪劣产品、企业排污造成的环境污染、恶劣的工作环境等。

---

① ［美］保罗·A. 萨缪尔森、威廉·D. 诺德豪斯：《经济学》（第12版），高鸿业等译，中国发展出版社1992年版，第77页。

价格信号的失灵。自由的市场模式认为，企业的责任就是在要素市场获得资源，并把资源转化为顾客需要的产品或服务。由此，在企业利润最大化的同时，消费者个人偏好的满足也达到最大化。因此，企业经营不需要伦理。但事实上，这种观点将人的偏好设定为“已知”过于简单化，消费者、员工、投资者对于什么是“好的”并没有明确的概念。在现实中，市场只是检验需要的初级体验场、企业引领和定义需求。市场价格可以反映经济价值，但无法反映道德价值。商品的价格从某种程度上讲可以反映消费者的个人偏好，但它无法说明什么是有道德价值的偏好。市场价格反映的经济价值与使社会更美好的道德价值并没有必然的联系。① 因此，市场信息不能代替经营者对道德的反思和追寻。

伦理和法律都对人的行为有警示的作用，两者也相互影响。法律是道德的基础，被称为“最起码的行为规范”。伦理又是法律制定的依据，有些法律在最开始只是道德的申述，随着问题的被关注程度不断提升而被立法。例如，每年根据不同的消费形式出现的消费者维权难的问题，《消费者权益保障法》都在完善。

但是，值得注意的是法律的局限性也由此产生。首先，法律所约束的行为是有限的，即行为的结果必须达到法律认定的程度，其才能发挥作用。其次，法律对人的行为只能起到约束作用，不能激发更高的道德追求。另外法律和市场机制同样存在滞后性，社会在不断地发生变化，出现法律滞后的现象也是

---

① 周祖城、张兴福、周斌编著：《企业伦理学导论》，上海人民出版社 2007 年版，第 16 页。

难免的。这样一来，法律的漏洞就往往会被利用，使公众和社会蒙受损失。最后，法律的维权成本过高，实施上也有难度。

如果人们不是从内心理解认可法律规范，那么这种法律规范就不可能得到真正有效的实行。《论语·为政》中对法律和道德的关系有过这样的阐述："道之以政，齐之以刑，民免而无耻；道之以德，齐之以礼，有耻且格。"意思是说，用法律来告诫民众，用刑罚规范民众的行为，这样虽然他们不会触犯法律，但却没有廉耻之心；用道德引导民众，用礼仪规范他们的行为，这样他们不仅具有羞怯之心，而且心服口服。

企业道德往往"内得于心，外施于人"，体现为静态和动态的过程。静态过程是企业人内省的过程，动态过程体现为内在价值对现实行动的指引。企业是由人组成的，企业道德应该包含成员道德，但绝不是各个成员价值观判断标准的简单相加或平均水平。企业的道德包括员工个人的道德品质及企业整体的道德追求。员工的素质和企业文化是企业道德"内得于心"的体现，伦理决策就是企业价值观"外施于人"的过程。

（三）伦理作用的特殊性

伦理具有非强制性的特征，主要靠社会舆论、内心信念与习惯起作用。"荣辱心、良心和义务是使社会舆论这种外部控制力量实现其作用的个人自我控制的道德心理机制。"① 在经济社会中，道德的约束力有别于一般道德理性的制约，从实用主义角度来看，商业中的道德理性比其他领域具有更强的约束性。

企业由人构成，企业中的个人同样具有情感和良心。在社

---

① 魏敏英：《新伦理学教程》，北京大学出版社2003年版，第218页。

会舆论谴责企业败德行为时，企业成员在内心深处会产生羞愧、内疚和遗憾，企业的声誉也同样会受损。伦理在企业中的作用通过企业文化、伦理准则起作用。同时伦理还具有广泛性，伦理规范面向整个社会，受意识支配的行为者，均要受到其指导、约束、调节。每个人都有道德意识，能够评价他人的行为和审视自己的行为。道德具有扬善性，不仅可以警示人们什么是恶的，还启迪人们对善的向往。伦理决策在企业中的应用为企业追求卓越指明了方向。

每种技艺在社会生活中都有其相应的作用，忽视或存在偏见就会造成社会生活的失衡。就像企业经营需要市场机制、法律、道德三者共同地起作用，任何一方也不可能取代另一方而独立存在。如果说三者存在区别的话，那就是市场机制可以作为企业盈利的手段，法律可作为企业维权的手段，但道德则不仅仅是企业生存的手段更是企业存在的目的，即手段与目的的统一。

第二节　企业伦理决策研究的主张及理论模型

一、企业伦理决策研究的理论观点

企业伦理决策研究伊始，学者们对影响伦理决策行为的因素进行了简单的二分。部分学者认为，之所以会有不符合伦理的决策行为是因为个人因素，他们将这一观点形象地比喻成“烂苹果”理论；另一部分学者认为，当个人加入组织后，对其行为产生影响的势必为组织和环境因素，这就是“烂木桶”理论。这种简单的二分法，弊端就在于缺乏两者的互动。1986 年

Trevino 的个人与情境交互作用模型产生，打破了一直以来影响因素理论上的简单二分法，更多地从个人因素和组织因素的相互作用来分析个人对道德困境的反映。此外，1991 年，Jone 提出了伦理问题本身也是伦理决策的影响因素的道德问题权变模型，使得该领域的研究更进了一步。

(一) “烂苹果” 理论

以 Sims、Hegarty 和 Simpson 等学者为代表的“烂苹果”理论支持者认为，决策者的个人因素是决定伦理决策行为的唯一特征。他们认为进入组织的每一个人都有相对稳定的价值观，这种价值观是关于什么是正确的、什么是错误的基本信条。他们发现，自我强度和控制点这两种主要的个性变量影响着人们的行为。自我强度是衡量自信心的尺度，自我强度高的人往往会克制不道德行为的冲动。内控型的员工认为自己能够掌握自身的命运，相比外控型的员工在道德判断和道德行为之间会保持较强的一致性。在个人因素中，个人道德认知发展阶段对个人的决策行为也产生重要的影响。个人道德认知发展水平较低、个性存在道德缺陷等都会容易做出败德行为。与之相反，个人道德认知发展阶段水平高、有较强的自我控制力和自信心的决策者在面对诱惑、压力和挑战时就更能表现出积极的一面，来确保自身的行为不会对他者带来伤害。

在进行了大量的实证研究后，“烂苹果”理论的支持者提出要想规避组织中的不道德行为就必须从源头抓起。他们认为，在企业招聘之初就应该对被招聘的人员进行筛选，排除道德人格低、个性特征素质差的人员。从而保证员工队伍的道德水平，预防组织中可能发生的道德行为失范。

（二）“烂木桶”理论

以 Zey-Ferrell、Carroll、Gebler 等学者为代表的“烂木桶”理论支持者认为，个人树立良好的价值观虽然重要，但却不足以消除组织情景下的伦理行为失范，再好的“苹果”放在“烂木桶”中依然会腐烂。该理论强调，个人的价值观不是一成不变的，它会随着个人经历的变化而变化，并且会受到社会、组织环境的影响。在私人生活中的好人也可能会在组织决策中办坏事，因为当个人进入组织后，就会将私人生活遵守的道德标准和组织中遵守的道德标准区分开来，在不同的领域采取不同的道德标准。所以说，要解决组织中的行为失范问题，仅从个人因素找原因是行不通的，组织应该对其成员的败德行为负首要责任。美国学者 Frederick 曾提出，即使是世界上最正直的人，置身于一个没有诚信、没有责任感的企业环境中也会受到影响，因而企业中的不道德行为不是个人的过错，而是企业环境太差①。

从大量的实证结果看，“烂木桶”理论的支持者认为是组织和社会因素决定了个人的不道德行为。个人在组织和社会中会受到组织权威和其他成员的影响和约束，其行为也将受到社会的评价。个人产生不道德行为，一定是组织或社会给予了其资源和机会，或者是其行为得到了组织权威的默许和认可。该理论提出，要减少或消除组织的不道德行为，就要树立良好的社会风气和积极向上的组织伦理氛围，并且组织管理者更应该以身作则提升自身的伦理领导力。

---

① Raiborn C. A. & Payne D. , Corporate codes of conduct. *Journal of Business Ethics*, 1990, 9 (11), pp. 879 – 889.

（三）个人与情景交互作用理论

以 Trevino、O. C. Ferrell、Gresham 等学者为代表的交互理论的支持者认为，仅从个人因素或者仅从组织环境因素来分析决策者的行为都是片面的。他们建议应该将两者进行交互结合，综合探讨这两个方面对决策者行为的影响。研究表明，一个道德认知发展水平较高的人，在进入自利、鼓励欺诈、为达目的不择手段的组织环境中后，也会受到坏的影响。此时，其面临的道德困境就是选择沉默或者离开。当然，个人特征也会影响组织环境，道德认知发展水平高的管理者更有可能对其认为是错误的组织惯例提出挑战。与之相反，一个道德认知发展水平较低的人，在进入了伦理规则清晰、奖惩分明的组织环境中，会受到好的影响。但是，若是其进入了一个伦理氛围较差的工作环境，就有可能做出更多的不道德行为。

研究表明，由多数较高道德素质的成员组成的组织会向良好的氛围发展。而由多数为较低道德素质的成员组成的组织则会有向坏发展的可能。因而该理论认为决策行为事实上是个人特征与组织环境的交互影响。

Trevino（1986）在个人与情景交互的理论模型中引入了 Kohlberg 的个人道德认知发展理论，细分了个人在道德认知发展不同阶段面对组织环境可能做出的不同选择。在此之后，也有很多学者对此进行了考证。在 Robbins（1997）的研究中，就有这样的论述，处在道德认知发展第三阶段的管理者可能会制定将得到他周围的人支持的决策；处在道德认知发展第四阶段的管理者将寻求制定尊重组织规则和程序的决策；处在道德认知发展第五阶段的管理者更有可能是对官僚组织进行改革的革新者。由此可见，个人道德认知发展较低的管理者在制定决策时更容易受到组织权威和组织既有规则的影响，而个人道德认知发展水平较高的管理者在制定决策时则可能抵制住来自组织的压力，对错误的组织惯例进行革新。

交互理论在 Trevino 的研究推动下有了更全面的发展，在其后学者们相继做了大量的实证研究，也都证明了交互理论的合理性。在该理论的视域下，个人伦理决策行为的影响因素包括个人因素和组织环境因素两部分，并且注重两者的互动。其中，个人因素包括自我实力、环境依赖程度、控制点等；组织环境因素包括直接的工作环境、组织文化、工作特征、权威因素和社会化过程等。

（四）伦理问题权变理论

以 Jones、Collins 等学者为代表的伦理问题权变理论支持者认为，伦理问题的出现是人们进行伦理认知、开始伦理判断、产生伦理意图、形成伦理决策行为的开端。问题的性质和特征决定了其是否为伦理问题及如何进行伦理判断。所以在进行伦理决策行为影响因素的研究时必须从伦理问题的特征分析开始。

Jones 在 1991 年，填补了以往研究对决策问题本身重视的不足，建立了以伦理问题为导向的组织内个人伦理决策模型。他认为，人们会本能地关注决策本身的后果给自身和他人带来什么影响及这种影响的严重程度，这种特征是伦理问题所特有的。他用道德强度这个概念对伦理问题的特征进行了总体的概括，用道德强度来反映一个情景中伦理问题的紧迫程度。

Jones 的理论认为，道德强度包括后果的严重程度、结果发生的可能性、社会舆论、与受害者的关系、后果的直接性及后果的集中度六个维度，这六个维度对伦理决策过程的四个阶段都产生作用。[①] 综合以往的实证研究结果来看，只有后果的严重程度、结果发生的可能性、社会舆论三个维度对伦理决策的影响最为突出，其他三个维度的作用则不太凸显。

本书认为伦理决策理论在企业中应用时，应该注重个人因素和企业环境的双重作用的影响，以及两者的良性互动。与此同时，在进行企业伦理决策影响因素的研究时应将伦理问题的道德强度融入模型中，以此综合分析企业中不道德行为产生的成因。

二、企业伦理决策研究的主要理论模型

以往很多研究者对企业伦理决策进行了伦理建构，本书主要从伦理决策的过程和影响因素入手分析几个主要的理论模型。

（一）Trevino 的个人与情景交互作用模型

1986 年，Trevino 从个人和情景相互作用的角度探讨了影响伦理决策的个人因素和组织因素及其作用机制。特雷维诺提出的个人和情景因素交互作用模型以道德困境的存在开始，进而形成道德意识阶段，个人的道德认知阶段决定了个人怎样看待道德困境、决定了他认为什么是正确的和错误的决策过程。然而，正确和错误的认知并不足以解释和预测道德决策行为，个人和环境的其他因素和认知因素相互作用决定了个人对道德困境如何作出反应。

---

① Thomas M. Jones. Ethical decision making by individuals in organizations: an issue-contingent model. *Academy of Mangemant Review*, 1991, (2), pp. 366 – 395.

她认为影响伦理决策行为的个人因素包括自我强度、环境依赖性、控制点，这些个人因素对个人关于什么是正确和错误的认知有影响。自我强度是与自信或者自我调节技能相关的概念。自我强度强的人更能抵制冲动的行为，可以按照自己的意志行事，因此自我强度强的人在处理伦理认知和伦理行为的关系时会保持一定的连贯性和稳定性，更倾向于做他们认为是正确的事情。

环境依赖性指人体对环境的依赖程度。该模型认为依赖环境的人会最大可能地利用外界信息来指导自己的行为，而不依赖环境的人具有更大的自主性。在组织环境模糊时，依赖环境的人比不依赖环境的人会更多地利用组织的外部信息作出决策。也就是说，在面对伦理困境和决策难题时，依赖环境的人做决策时往往会受到组织权威的影响，而不依赖环境的人则根据自身的价值观作出抉择。因此，不依赖环境的人在组织内部和组织外部遵循的道德准则是一致的。

控制点可以理解为人们如何看待自己和权力之间的关系。相信"外部控制"的人，认为自己应该随波逐流，因为这是他们唯一能做的。他们认为想要得到的一切取决于运气、机会和企业中有权势的人物，用自己的行动和努力去掌握自己的生活可能性很低。相反，相信"内部控制"的人，认为他们能通过自己的努力和技能掌握生活中的事件，把自己当做命运的主宰，并相信他们有能力改变环境。有研究表明，控制点和伦理决策的关系，内控型与伦理正相关，外控型与伦理负相关。① 也就是

---

① M. C. Reiss and K. Mitra, The Effects of Individual Difference Factors on the Acceptability of Ethical and Unethical Workplace Behaviors, *Journal of Business Ethics*, 17 October 1998, pp. 1581 - 1593.

说，那些认为命运掌握在自己手里的人比那些认为命运掌握在别人手里的人更有道德。

影响伦理决策的组织因素包括直接的工作环境、组织文化、工作特征等。工作环境中的组织价值观往往比个人价值观更有影响力，组织通过工作过程潜移默化的影响组织成员的道德认知。当人体加入到组织中，随着时间的推移，利益相关者们逐渐把组织看成一个有生命的机体，有着自己的思维和意志。组织文化中的一个重要元素就是伦理文化，伦理文化包含价值观和规范，及对组织成员的行为所做的广泛规定。研究表明，员工们越是感觉组织文化是道德的，他们越是不可能做出不道德的决策。那些在工作团队中有影响的同事、经理、合作者被称为重要人物。他们每天帮助工作人员处理不熟悉的业务，并通过正式或非正式途径提供建议和信息，其对员工日常决策的影响比一般其他因素更强。

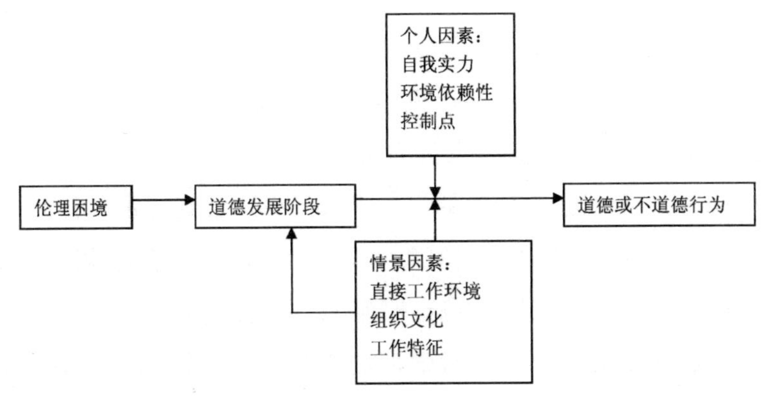

图 1－2　Trevino 的个人与情景交互作用模型①

---

① Trevino L. K. Ethical decision making in organization: a person-situation interactionist model, *Academy of Management Review*, 1986, (3), pp. 601－617.

（二）Jones 的伦理问题权变模型

1991 年，托马斯 · M. 琼斯（Thomas M. Jones）提出了伦理问题权变模型。他认为，在伦理决策过程中，第一步是要认识到面对着一个伦理问题，作为个人或工作团体必须从数个行动方案中做出选择，最终由企业内外的各种利益相关者评价其好坏。也就是说，在进行伦理决策行为影响因素的研究时必须从伦理问题的特征分析开始。由此，Jones 在 Rest 伦理决策过程模型的基础上建立了伦理问题权变模型。

他认为道德强度应该包括六个维度：后果的严重程度指某种行为的受害者或受益者收到多大程度的伤害或得到多少利益？社会共识指多少舆论认为这种行为是恶的还是善的？结果发生的可能性：行为实际发生和将会引起可预见的危害的或利益的可能性有多大？后果的直接性：在该行为和它所期望的结果之间，持续的时间有多久？与受害者的关系：一个人觉得（在社会、心里或物质上）与该行为的受害者或收益者有多接近？后果的集中度指行为对有关人员的集中作用有多大？

Jones 认为，伦理问题的强度跟决策者感觉到的重要性有关。人不同，时间不同，需要协调的各种价值观、信用、需求、观念、情况的具体特点以及特定时空条件下个人的主要压力就会不同。资深员工或管理者对强度的影响很大，因为通常他们决定了组织对伦理问题的看法。对于某些员工，如果管理者没有成功的发现特定的问题并对员工进行教育，伦理问题就可能不会达到临界感知水平。识别伦理问题和风险，是让员工学会做出伦理决策的第一步。研究发现，对于伦理问题重要性的认知度会在相当程度上影响员工的伦理判断和行为意图。换句话说，

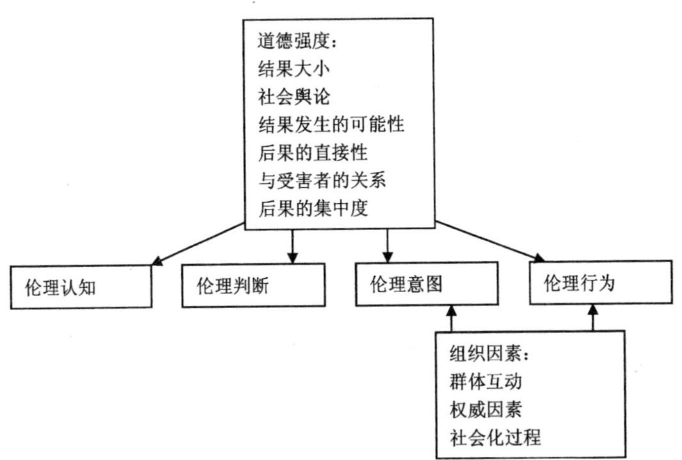

图 1－3　Jones 的道德问题权变模型

人们越是认为某伦理问题重要，就越不可能采取有争议或不道德的行动。因此，在伦理决策过程中，伦理问题的强度应被看作一个关键因素。

该模型与以往模型不同的是，其认为组织因素只影响伦理意图和伦理行为，而对伦理认知、伦理判断不产生影响。

（三）Trevino 个人与情景交互模型与 Jones 道德问题权变模型的比较

第一，两个模型的共性。

两者都强调了主体伦理决策行为受个人因素和组织因素共同作用的影响。企业伦理决策绝大多数是联合决定的，有的是通过工作团体和委员会，有的是通过与合作者的对话和讨论。员工对伦理问题的解决主要基于他们从自身背景和组织中其他人身上学到的东西。这个学习过程的结果取决于他个人价值观的强度、从事不道德行为的机会、其他人的道德或不道德行为在他面前的暴露程度等。因而，组织潜在的压力决定个人的道德目的，组织内的个体通过群体互动实现决策行为。在这个社会化的过程中，权威起到了关键的示范作用。

第二，两个模型的差异。

Trevino 的个人与组织的情景交互模型的优点是突出了个人和情景的共同作用对企业决策行为的影响，缺陷是未对决策的过程进行细分，仅从认知—行为两个阶段进行了描述。Jones 的伦理问题权变模型就弥补了这一缺陷，将伦理决策的过程进行了细分，从认知—判断—意图—行为四个阶段诠释了伦理决策的过程。通过实证检验，Jones 认为组织因素对个人伦理决策行为的影响仅从伦理意图、伦理行为两个阶段显现，从而证明个人在融入组织时产生的变化和所受的影响。该模型的另一个特点就是，Jones 将伦理问题作为影响主体决策的第一步，告诉人们伦理问题和伦理困境本身的特点给伦理决策带来的影响。如果说 Trevino 的模型是从个人和组织视角两个层面分析伦理决策的影响因素，Jones 就将研究视角扩展到了社会性层面，突出了伦理问题的强度大小、行业参照、社会舆论的重要作用。这一视角的转变对企业伦理决策的影响也将成为本研究的考察范围。

第三节　企业伦理决策方法论

一、企业伦理决策困境与选择

（一）企业伦理决策的困境

企业伦理决策是用道德原则规范企业行为的决策方式，有很多区别于传统决策形式的优势，很多研究证实了企业伦理对业绩的作用。但是，为什么在企业的实际决策行为中伦理常常被忽视呢？企业伦理决策如何落实？这些便会成为人们的追问。

西蒙同时对决策中的自由裁量权和直觉主义进行了批判。“人们在日常对话中经常混淆决策中的判断要素与道德要素。事实上，手段目的链越往后（也就是道德成分越大），对链上步骤的怀疑度就越大，对什么手段有利于实现什么目的的确定中的判断成分就越大。”“在实际的管理过程中，有时会由于过于相信自己的判断，而不依据后来的结果严肃地对判断进行系统的评价，这一点令人担心。”① 所以，企业管理决策必须将组织目标当成决策的道德前提。评价的准确度和一致性都受到个人能力的限制，构思个人可能采取的所有行为模式的过程需要想象力，即道德想象。

（二）企业伦理决策的选择

企业伦理决策是将伦理原则融入企业决策，那么伦理原则若要在企业中发挥作用就必须设定标准和权重。决策中的事实判断往往是统一的，但是价值判断却往往并非如此。西蒙认为，决策中的价值判断是对企业最终目标的导向，价值观要在管理目的中起作用就必须遵循以下两点：第一，设定为组织目标的价值观必须清楚明确，这样才能对目标在任何情况下的实现程度进行评价；第二，必须能判断特定行动方案实现目标的概

---

① ［美］赫伯特·A. 西蒙：《管理行为》，詹正茂译，机械工业出版社 2013 年版，第 57 页。

率。[①] 管理者的伦理决策行为就是要掌握全部的管理技能和价值要素，并在适当的场合加以应用。

道德想象有两个维度：一是换位思考，即从不同的角度而不仅仅是我们自己的角度看待特定问题、特定情境或特定案例的能力；二是创造性的思维，当我们遇到两难的伦理问题时，非此即彼的选择方式是武断的，往往在仔细思考后还有另外一种可能。有想象力的解决伦理问题的方法可以帮助我们突破墨守成规的老思路。

二、企业伦理决策理论模型的建构

对企业伦理决策理论模型的研究将从一个主线、三个方面、三个层次进行：

一个主线是突出伦理原则体系的构建对企业决策的影响，以伦理驱动企业决策。三个方面是指企业伦理决策理论的研究重点包括三个方面：一是伦理决策依据价值原则的规范性研究；二是道德强度、个人道德发展阶段、组织伦理氛围对主体伦理

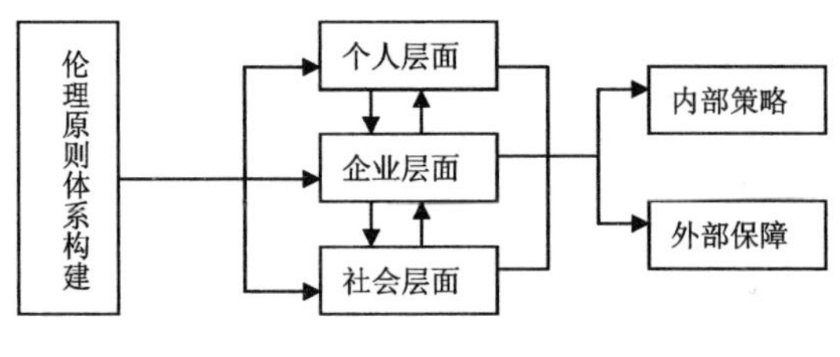

图 1－4　本研究路线

① ［美］赫伯特·A. 西蒙：《管理行为》，詹正茂译，机械工业出版社 2013 年版，第 56 页。

决策影响的实证研究；三是企业伦理决策实现机制的对策建议研究，突出外部保障和内部策略的共同作用。

三个层次是指，本研究致力于从个人、企业、社会三个层次考量企业伦理决策理论的建构。首先，个人层面主要探析企业中个人价值观对主体伦理决策行为的影响。包括人口控制变量、个人道德发展阶段两个综合指标。其次，企业层面主要探析企业整体的伦理氛围对主体伦理决策行为的影响。组织伦理氛围包括自利、关怀和规则三个导向。第三，社会层面主要探析伦理问题本身对主体伦理决策的影响。主要通过伦理问题的强度大小、结果发生的可能性和社会舆论（行业权威参照）三个情景判断进行。

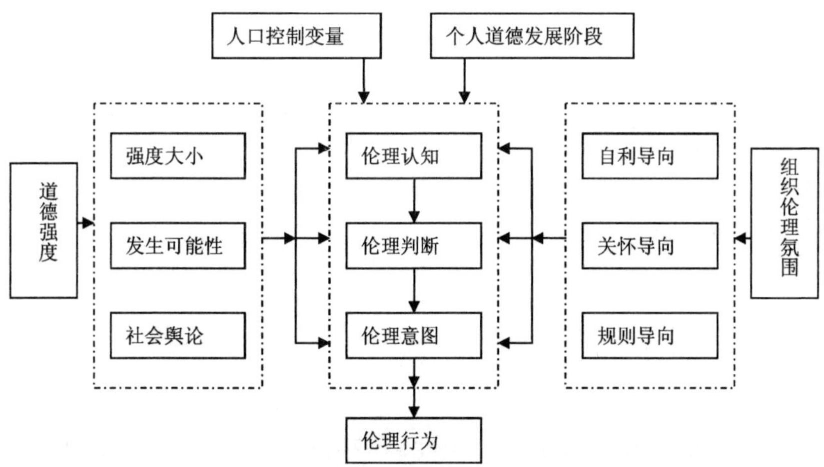

图 1-5　中国企业伦理决策过程及影响因素的实证模型

第二章
企业决策遵循伦理原则的研究

如果伦理决策是企业将伦理标准应用于企业决策行为，那么伦理标准有哪些、如何权衡、企业人如何为自己立法就是重要的研究议题。本章的研究目的是：诠释企业遵循伦理原则多元化的必要性；分析企业伦理决策面临的三重关系；价值排序方法及其在企业中的应用。旨在解释道德判断的各种方法，解释每种方法使用的概念和信息，识别它们的优缺点，并解释能够如何使用这些方法分析我们在企业中遇到的道德问题。

第一节　企业决策遵循伦理原则的多元化

企业的伦理决策就是要企业遵循某种道德理论来进行决策，道德理论的运用可以帮助决策主体对自身行为进行辩护。企业用来为自己辩护的道德理论与人们用以做出评价的道德理论可能不一致，甚至发生冲突，这就导致了道德推理方式多元化的可能。

一、企业决策中伦理原则的应用

（一）功利论

1. 功利论原则的道德推理

功利论（utilitarianism）原则是典型的结果论。该原则认为行为和政策的评估基础应该是他们对社会的每个人带来的收益和成本。功利主义认为，在任何情况下，与其他所有的可能行为相比，合乎道德的行为将为受到影响的每个人带来超过成本的最大收益。许多商业分析师认为，评估商业决策或其他任何决策的伦理正当性的最佳方式是依据效用主义的成本—收益分析法。[①] 企业对社会负责就是为社会带来最大净收益或最小净成本。

英国哲学家杰里米·边沁（Jeremy Bentham）和约翰·斯图尔特·穆勒（John Stuart Mill）通常被认为是传统功利主义的创始人。边沁（1978）首次出版的《道德与法律规范导论》中提到“自然使人类受到两种感受的主宰：痛苦和快乐”，努力使快乐最大化、痛苦最小化就是道德理性。边沁和穆勒认为应寻找一个客观基础以做出道德判断，这个判断将会为决定社会最佳政策、社会最佳法律和最合乎道德的行为提供普遍和广为接受的规范。功利原则认为：当且仅当行为产生的总效用大于其他

---

① Timothy Smith, South Africa: The Churches vs. the Corporations, *Business and Society Review*, 1971, pp. 54, 55, 56.

替代行为的总效用时，该行为合乎伦理。①

长期以来，功利主义伦理观一直被许多人视为企业伦理的基础。曼纽尔·G. 贝拉斯克斯（Manuel G. Velasquez）对功利原则做了诠释。其认为，使用功利主义要避免三大错误。第一，功利原则说，特定场合的正确行为会比其他可能采取的行为带来更多效用，而不是为执行者带来最大效用。如果行为给受到影响的所有人带来最大效用，当然包括执行者，那么该行为合乎道德。第二，片面地认为，功利原则只是要求我们考虑自身行为的直接和当前后果。实际上，功利原则认为，所有可能方法为每个人带来的当前与可预见未来的成本、收益和任何显著的间接效应，都应该考虑在内。第三，功利原则没有说，只要行为自身的收益超过了自身的成本，它就是正确的。实际上，功利主义是说，正确行为的收益与成本所产生的总效用超过了其他替代行为的总效用。在任何情况下，只有一个行为合乎道德，即与其他所有可能行为的效用相比，能带来最大效用的行为。

2. 功利主义的现实意义及存在问题

虽然功利主义常常被误解和滥用，但仍不能忽视其重要性。首先，功利主义符合人们进行道德判断时的直觉标准。功利主义同时也能够解释为什么我们通常认为某种活动违背道德，而其他活动合乎道德。其次，效用观点在经济学中也有很大的影响。经济学家这样解释经济行为，其假设人总是企图最大化自

---

① ［美］曼纽尔·G. 贝拉斯克斯：《商业伦理：概念与案例》，中国人民大学出版社 2013 年版，第 62 页。

身效用，产品效用则通过人们愿意支付的价格衡量。在完全竞争的市场系统中，就会形成“帕累托最优”。第三，效用也是经济学中成本—收益分析方法的基础，但在这种形式的功利主义里，效用的概念被严格地限定为可以用货币衡量的成本和收益，并且正确的行为永远是效率最高的那一个。

功利主义有着重要的现实意义，但同时存在若干问题等待诠释。首先，很多情况下，功利主义的效用并没有办法准确的衡量。福特管理者在成本—收益研究中使用的分析是传统上所称的功利主义。主要根据经济成本和效益计算公司成本和收益，而且这些都是用货币来衡量的。但是行为的收益可能包括行为带来的任何益处（快乐、健康、生命、满足、知识、幸福），成本则可能包括任何痛苦或伤害。事实上“我们并不愿意用一些非经济事物，如爱情、自由、健康和亲情的乐趣来交换经济收益带来的任何乐趣，不论经济收益的乐趣有多大”①，坚持成本—收益分析法的企业不得不承认，存在无法用货币衡量的价值。其次，以功利主义评价伦理行为，并不是说所有人都有权获得自己的那一份快乐，而是以整体的快乐作为评价标准。亚当·斯密认为功利主义的整体利益最大化是以牺牲个人的快乐为代价的（Smith，1759）。中国古代思想家杨朱也曾表达过类似的想法：“拔一毛以利天下而不为，悉天下而奉一人，不为也。”他认为在某些情况下，所谓“利天下”很容易成为领导者损害公众利益的借口，这种朴素的民主思想，某种程度上正与亚当·斯密对功利主义的质疑相契合。

---

① Christine Pierce and Donald VanDeVeer, *People*, *Penguins*, *and Plastic* Tree, 2nd ed. Belmont, CA: Wadswordth, 1995.

功利主义的批评者认为，在很多案例中，我们重视的价值没有被客观计量，甚至关于我们应该重视什么也存在观念上的差异。[1] 功利主义的社会群体评判方法，在事实上很可能将成本—收益分析建立在某一特定群体的主观偏见和审美之上。其次，批评者认为功利主义不能处理权利问题和公正问题。也就是说，功利主义暗示某些特定的行为是合乎道德的，而事实上这些行为不公正或侵犯了他人权利。在功利主义的道德推理中，欺骗甚至谋杀都有可能被判定是符合道德的。这表明，功利主义似乎忽视了伦理学的某些重要方面。仅仅重视成本—收益分析似乎忽视了公正（考察收益和成本在人群中的分配问题）和权利（考察个人的自由选择权和幸福权问题）。下面的案例可以佐证。

◎ 案例：安全与损益——福特汽车的抉择

在 20 世纪的最后几十年中，福特汽车公司的市场份额被日本公司夺走，日本公司生产轻巧省油的汽车。福特公司当时的董事长李·艾柯卡（Lee Iaccoca）决定通过迅速开发出一款名为“平托”（Pinto）的小型汽车来夺回市场份额。平托车重不到 2000 磅，价格不到 2000 美元，不同于一般汽车要经过 4 年时间才能进入市场，平托 2 年之内就进入的市场。测试人员发现，早期的平托模型进行碰撞时，如果以时速 20 英里或更快的速度从后撞击，汽油箱有时就会裂开。接着汽油就会喷出，溅到乘客身上，同时流向车底周围。在真实的事故中，四散的火花可能会使得油箱爆炸并点燃喷出的汽油，火焰可能吞噬或烧伤乘客，

---

① Raymond A. Bauer and Dan H. Fenn, *The corporate Social Audit*, NewYork: Sage Publications, Inc., 1972, pp. 3 – 14.

而且事故中车门常被卡死，使受害者困在车内无法脱身。

但是，福特的管理者决定，继续生产平托车，不改变油箱的设计。他们认为设计满足政府和法律的规定，汽油箱在时速低于20英里的后轴碰撞中完好无损。另外，公司计划推出大约1250万辆平托车，改进平托车的油箱每辆车将产生11美元左右的成本。那么改进公司生产的所有平托车的成本为：11美元×1250万辆=1.37亿美元。安装降低油箱起火可能性的装置大概可以挽救180人。那么按照死亡赔付20万美元/人、严重烧伤赔付6.7万美元/人、汽车损失700美元/车进行计算，总收益为4953万美元。这样，顾客就要为4953万美元收益支出1.37亿美元的成本，净损失8747万美元。

福特管理者按原计划生产了平托车，没有修改汽油箱的设计。据估计，在接下来的十年内，大约60人在涉及平托车的燃烧事故中丧生，至少120人遭受严重的大面积烧伤，皮肤移植为很多人带来了长期痛苦。然而，直到1980年，福特还在销售平托车。1981年，詹姆斯先生携儿子驾驶平托车途中起火爆炸，导致其子被严重烧伤。在“詹姆斯诉福特汽车公司案”的法庭调查中，福特汽车公司的一份内部材料曝光，该材料显示福特汽车已经知道平托车的安全隐患，并进行了内部测算。

这份内部报告曝光后，福特公司受到广泛指责，其行为被视为以无情地牺牲生命获取利润。此后公司卷入上百件诉讼中。在詹姆斯案中，法庭认为福特汽车公司严重蔑视被害人的价值，刻意不关心他人安全，判决福特公司赔偿受害人惩罚性赔偿金1.25亿美元。(资料来源：根据［美］曼纽尔·G. 贝拉斯克斯：《商业伦理：概念与案例》，中国人民大学出版社2013年版；于惊涛、肖贵蓉编著：《商业伦理——理论与案例》，清华大学出

版社 2012 年版）

阿尔特·沃尔夫（1989）在《商业地平线》评论道，实际上福特这些人就是在玩一场游戏，而他们并不在意他们的游戏所导致的恐惧和灾难。假设他们能够与消费者共同承担这种恐惧，而不是与世隔绝的在公司里玩商业游戏，那么他们的行为可能会有很大的不同。

（二）道义论

许多时候人们义无反顾地做某件事并不是出于功利而是出于责任，中国传统儒家伦理对此有精辟的论述。儒家强调伦理的本分，强调遵循仁、义、礼、智、信的德行在充满变化的世界寻找行动的方案。

同样，康德提出了义务伦理，对意愿和责任进行了深刻的剖析，认为大善就是“善”的心愿，善的行为等同于处于义务的行为，“善”取决于行为的责任而非结果。近代伦理学家诺·曼鲍伊（Norman E. Bowie）认为，康德把哲学分为实践哲学和理论哲学，实践哲学就可以称之为“康德企业伦理”。鲍伊认为康德的领导实践不一定与目前风行各国的企业股东模型相一致，但至少他的伦理思想能够为企业伦理的探索者提供借鉴。①

权利概念在企业伦理争议所引发的道德争论和道德论断中发挥决定作用。权利的含义及对应的义务含义位于很多道德讨论的中心。“人人生而平等，造物者赋予了他们若干不可侵犯的

① ［英］诺曼·E. 鲍伊、帕特里夏·H. 沃哈尼：《伦理学》，李伟等译，经济管理出版社 2009 年版，第 38 页。

权利，其中包括生存权、自由权和追求幸福的权利。”

1. 权利与义务论的道德推理

权利指个人对某事物拥有的资格。包括法律权利和道德权利，法律权利由法律制定，并受这种法律制度的保证；道德权利由道德标准系统赋予，独立于任何特定法律制度。人们拥有道德权利是因为人之为人的缘故，由于这种权利的基础是人性，所以独立于法律权利存在，是平等的、普世的。[①] 故而，道德权利也可称之为人类权利，其基础是所有人都被允许或被授权做某事，或有资格让别人为自己做某事的道德规范和原则。道德权利有三个重要特征：第一，道德权利与义务紧密相连；第二，道德权利为个人自由追求利益提供了自主权和平等权；第三，道德权利为合理化某人的行为，以及恳求他人的保护或帮助提供了基础[②]。道德权利与功利主义的区别：第一，道德权利从个人角度表达了道德要求，而功利主义仅从社会整体角度表达了道德要求。第二，权利限制了社会收用方法和数字方法的正确性。也就是说，如果个人有权利做某事，那么任何人的干涉都是错误的，即使很多人会从这样的干涉中获益。

康德的道德义务论是非后果论的道德推理中最具代表性的理论。康德试图建立纯粹的道德哲学，这种道德哲学的基础是“善良意志”。“善良意志”不仅适用于自然人，也适用于上帝。“善良意志，并不因它所促成的事物而善，并不因它期望的事物

① 龚天平：《伦理驱动管理——当代企业管理伦理的走向及其实现研究》，人民出版社 2011 年版，第 236 页。

② ［美］曼纽尔·G. 贝拉斯克斯：《商业伦理：概念与案例》，中国人民大学出版社 2013 年版，第 73—74 页。

而善，也不因他善于达到预期的目标而善，而仅是由于意愿而善，它是自在的善。”① 也就是说，“善良意志”体现为对规律的尊重而非人为。那么，如何判定一种行为是合乎道德的呢？康德将“绝对命令”作为道德权利的基础及普遍标准，绝对命令要求将每个人当做与他人平等的自由人对待。也就是说，每个人都有道德权利获得平等的对待，每个人也有义务平等对待他人。绝对命令是人对自我进行立法的过程，即是意识自律的体现。

康德的道德命令强调道德的绝对性特征。首先，道德具有普遍性和先验性，可以适用于所有的人和事；其次，道德命令具有强制性，属于绝对命令，它只考虑“应该怎么样”而不考虑“能不能”的问题，即使在实际行动中无法适用道德命令，也不影响道德命令本身的正当性。由此可见，康德的道德律具有强烈的唯心主义色彩。

黑格尔对此表达了不同的看法。黑格尔指出，“如果应该为义务而不是为某种内容而尽义务……就会把道德科学贬低为关于为义务而尽义务的修辞或演讲”，康德的伦理学没有说明为什么和怎样去做的问题（乔法容，1992）。此外，康德摒弃了人的情感、兴趣与爱好而单纯谈论义务，没有认识到冲动、兴趣和爱好中蕴藏的“实践理性”。

2. 契约权利与义务在商业中的应用

契约权利与义务是由个人与他人签订协议时产生的有限权

---

① ［德］康德：《道德行而上学原理》，苗力田译，上海人民出版社 2002 年版，第 9 页。

利和相关义务。① 契约权利与义务依附于特定个人，相关义务也施加于特定个人。契约权利由特定交易产生并提前签订协议，明确权利与义务形成规范系统，这种规范体系必须为公众所接受。如果没有契约及其创造的权利与义务，现代商业社会根本无法运行。每个商业交易都要求交易一方在某种程度上信赖另一方的承诺，相信另一方随后会付款、提供某种服务或运送约定质量和数量的货品。如果社会无法建立这种契约，个人就不愿意信赖另一方的承诺，交易便无法达成。契约提供了确保个人遵守诺言的方式，这种方式反过来确保商业社会的运行。

（三）正义论

1. 正义与公平的道德推理

分配正义的基本原则就是强调平等的人应该得到公平对待，不平等的人必须得到差别对待。② 不同的人会对社会的收益和负担提出要求，而这些人的要求不能全部被满足，分配正义的问题就出现了。“在于对待方式有关的所有方面，个体的情况都相似，那么个体应该被给予相同的效益和负担，即使他们在其他不相关方面存在差异；在相关方面不同的个体应该被区别对待，对待方式符合他们之间的差异。”③

---

① H. L. A. Hart, Are There Any Natural Rights, *Piliosophical Review*, April 1955, v. 64, p. 185.

② William K. Frankena. *The Concept of Social Justice*, in Brandt, ed. Social Justice, pp. 1 – 29.

③ ［美］曼纽尔·G. 贝拉斯克斯：《商业伦理：概念与案例》，中国人民大学出版社 2013 年版，第 84 页。

分配正义的三个具体原则：第一，按平等原则分配。平等主义认为，每个人都应该被给予社会或群体收益与负担的平均数，人们之间不存在可以导致差别对待的相关差异。这一原则的贡献是提出个人享有政治平等和经济平等的机会，存在问题是片面的平均主义容易造成“养懒汉”和“搭便车”现象。第二，按贡献分配原则。一些学者认为，社会的收益应该与个人对社会或群体的贡献成比例。正义要求人们获得的效益应该与他们贡献的价值成比例，即根据个人对社会、任务、群体或交换做出贡献价值来分配效益。按贡献分配的优点是形成了资本主义精神——新教伦理。新教伦理认为，个人有宗教义务为他们的使命努力工作，上帝以财富和成功公正地回报辛勤的工作，以贫穷和失败公正地惩罚懒惰。[①] 本原则多被个人主义文化倾向较高的国家使用。该原则存在的问题是，如何衡量每个人的贡献；忽视的难题是人们的需求。第三，按需求和能力分配原则。其原则被称作社会主义公正，原则要求工作负担应根据人的能力分配，收益应该根据人的需求分配。人们通过生产性的工作发挥自己的能力实现自身的价值，工作中产生的收益应该被用来促进人类的幸福和福利。这意味着分配收益先要满足人们的基本生理和健康需求，然后再使用剩余的收益来满足人们的其他非基本要求。贝拉斯克斯认为，社会主义最基本的观点就是，社会应该是按照集体模式分配效益和负担的社区。当决定收益和负担应该如何在群体或社会的成员之间分配时，需求和能力是应该被考虑在内的。

---

① Richard M. Stephenson, *Living with Tomorrow*, New York: John Wiley & Sons, Inc., 1981, pp. 205 - 208.

2. 作为平等的正义

谈及正义与公正，就必须提及约翰·罗尔斯（John Rawls）。因为罗尔斯给义务论道德理论赋予了当代的内容和方法，而且具有特别的重要性和深远的影响力①。罗尔斯将理性人群所处的虚拟状态称为原始状态（original position），将他们对自身特点的不知情称为无知之幕（veil of ignorance）。② 原始状态的人不知道自己会拥有什么样的特点，其目的和作用是确保他们无法保护自己的特殊利益。因为不知道自己的特点，所以出于原始状态的人被迫保持公正，不向任何特殊群体表现出偏袒。他们必须照顾到所有人。罗尔斯之所以认为，处于原初状态的人所接受的原则合乎道德，是根据康德的三个道德推论：可逆性、普遍性及将人作为目的对待。罗尔斯认为，这些原则在更深层次上也是合理的，因为它们符合我们对正义的直觉。处于原始状态中的人所选择的原则符合我们现有的大部分道德观念，并且修正了不恰当的道德标准。

罗尔斯认为分配正义可以转述为，社会中收益和负担的分配是公正的，当且仅当：1）每个人对于所有人所拥有的最广泛平等的基本自由体系相容的类似自由体系都应有一种平等的权利；2）社会和经济的不平等应这样安排，使他们：

a. 在与正义的储存原则一致的情况下，适用于最少受惠者的最大利益；

---

① 龚天平：《伦理驱动管理——当代企业管理伦理的走向及其实现研究》，人民出版社 2011 年版，第 236 页。

② ［美］约翰·罗尔斯：《正义论》，何怀宏等译，中国社会科学出版社 1988 年版，第 12 页。

b. 依系于在机会公平平等的条件下职务和地位向所有人开放。①

若两个原则产生了冲突，那么原则 1 应该优先于原则 2，并且在原则 2 内部，b 部分应该优于 a 部分。

原则 1 被称为平等自由原则。它认为“公民的基本自由有政治上的自由及言论和集会的自由；良心的自由和思想的自由；个人的自由和保障个人财产的权利；依法不受任意逮捕和剥夺财产的自由”②。

原则 2a 被称为差别原则，2b 被称为公平机会原则。“大致适用于收入和财富的分配，以及对那些利用权力、责任方面的不相等或权力链上的差距的组织机构和设计。虽然财富和收入的分配无法做到平等，但它必须合乎每个人的利益，同时，权力地位和领导性职务也必须是所有人都能进入的。”③

3. 正义理论在商业中的应用

如果平等自由原则是正确的，那么它暗示了商业机构侵犯员工隐私，限制经理的自由选举权，通过使用贿赂对商业行为施加非法影响都是非正义的。在市场体系中，高度竞争时效率最高，差别原则事实上暗示了市场应该是竞争性的，反对竞争的行为，例如限价和垄断，都是非正义的。此外，因为污染和

---

① ［美］约翰·罗尔斯：《正义论》，何怀宏等译，中国社会科学出版社 1988 年版，第 302 页。

② ［美］约翰·罗尔斯：《正义论》，何怀宏等译，中国社会科学出版社 1988 年版，第 61 页。

③ ［美］约翰·罗尔斯：《正义论》，何怀宏等译，中国社会科学出版社 1988 年版，第 61 页。

其他破坏环境的外部效应低效率地消耗了资源，所以差等原则同时暗示，公司的污染行为是错误的。公平机会原则认为，每个人必须获得胜任理想工作的教育和训练的机会。而后，个人的投入、能力和贡献将决定报酬。也就是说，企业薪酬制定应按分配公正的原则，使其即符合员工的需求又被社会群体接受，从而规范企业薪酬分配不合理的现实。[①]

（四）德性论

上述三种伦理方法都假设伦理应该是没有偏袒的。任何特殊关系（如朋友、亲戚），在决定个人应该做什么时都不应该考虑在内。但事实上往往并非如此，Jones 的道德问题模型中就提到，个人与相关者的关系亲疏也决定了其伦理决策行为。人的内心对是非的判断是建立在价值观以及对自然、生命和人类自身的理解上的，道德判断与人们的情感、悲欢喜恶密切相连。

1. 关怀伦理的道德推理

至今，许多女性伦理学家提出了“关怀伦理”的伦理学方法。关怀道德依赖于关系的理解，并以此作为团队中另一人的回应。[②] 根据这个“关怀伦理”的观点，道德任务不是遵循普遍和公正的道德原则，而是照顾、回应与我们有宝贵、亲密关系

---

① 阳芳：《企业薪酬分配公正研究》，湖北人民出版社 2010 年版，第1 页。

② N. Lyons，Two Perspectives：On Self，Relationships and Morality，*Harvard Educational Review*，1983，v. 53，n. 2，pp. 136.

的特定人群的美德。[①] 同情、关心、爱、友谊和仁慈通常都是表明道德这一方面的情感或美德。因此，关怀伦理强调两个道德要求：第一，我们生活在关系网中，应该持续和培养我们与特定个人拥有的那些具体和宝贵的关系。第二，我们每个人应该对那些和我们有特殊关系的人施加特殊关怀，从他们的角度出发，照顾他们的特殊需求、价值观、欲望和具体幸福，积极回应这些需求、价值观、欲望和具体幸福，尤其当他们属于那些脆弱和依赖我们关心的人时。

大部分关怀伦理的倡导者认为，应该突破在具体的两个个体之间或特定群体之间把握这种关系，试建立包含社区的大型关系体系。这种社区和公共关系具有基础价值，这些基础价值应该得到保护和维持。例如，我国的集体主义就认为伦理中重要的不是孤立的个人，而是整个社区，个人将自己视作具有传统、文化、习俗和历史的大型社区的主要部分，个人在社区中发现自己是谁。

在商业行为中，不是所有的关系都有价值，所以不是所有的关系都产生关怀的需要。另外，必须认识到关怀需要有时会与正义要求相冲突。例如，如果你是一名经理，你发现管理的一名员工也是你的朋友，擅自挪用了企业的资金为她的母亲治病。你该如何选择？按关怀的伦理原则你应该替朋友隐瞒，但这明显有悖于正义的原则。在决策时，你碰到了道德困境。通过道德想象，作为经理你对企业承担的正义义务明显超越了你对朋友的关怀义务，你必须公正的处理。也许你的朋友会被开

---

① Lawrance A. Blum, *Moral perception and Particularity*, Cambridge: Cambridge university press, 1994, p. 12.

除，但你仍应该坚持原则。故事还没有就此结束，作为朋友你有义务关怀失业的朋友，并对朋友的母亲给予帮助，这也正是道德情感的真实流露。这个事例说明，没有固定的规范可以解决所有的冲突，但却还有一些指导原则有助于解决这样的冲突。我们需要做的就是厘清这些价值原则，根据具体的情景进行合理的价值排序。

◎ 案例：莫尔顿纺织厂

莫尔顿纺织厂在马萨诸塞州的劳伦斯，是现在的老板阿伦·福伊尔斯坦（Aaron Feuerstein）的祖父于1906年创办的。1995年12月11日，一场大火烧毁了10栋综合楼中的3栋，工厂变成了一片废墟。

这个厂有3000名员工，是劳伦斯这个地方唯一的工厂。大多数工人认为，工厂被烧毁他们就永远失业，首席执行官阿伦·福伊尔斯坦却不这么认为。

福伊尔斯坦告诉他的员工："你们的奉献和辛勤劳动造就了莫尔顿纺织厂的成功。劳伦斯这个地方多年来一直支持着莫尔顿纺织厂。莫尔顿纺织厂不打算离开劳伦斯。"在工厂重建、设备运来准备重新生产时，公司继续给3000名员工发工资和奖金。在这段时间里，劳伦斯又恢复了生机。企业、教堂和学校照常开门，好多人都留在了劳伦斯。

莫尔顿纺织厂是唯一生产抓绒和摇粒绒以及其他不同的室内装潢纺织品的厂家。当公司完全恢复了生产能力时，它已失去了大量的市场份额，市场已经被国外生产成本更低的竞争者占据。纺织厂苦苦挣扎，最终还是宣布破产重组。在听说破产时，除了一个债权人外，所有的人相信莫尔顿纺织厂能东山再起，他们相信福伊尔斯坦对工人们的价值估计。那个持不同意见的债权人要求立即收回他的钱，他不同意福伊尔斯坦的做法，控告他花了其他人的钱。在去法院的路上，阿伦·福伊尔斯坦说："我所做的事都是对的，我做了符合道德的事……而且我还会这样做的。"

莫尔顿纺织厂的批评家和债权人质疑福伊尔斯坦对他的工人的善心。他们指责福伊尔斯坦大火过后还继续给工人发工资，过于仁慈，太不明智。福伊尔斯坦认为，他的员工就是资产，而不是成本。他认为他应该对所有股东负责，但让3000名工人失业是不人道的。福伊尔斯坦说："从理论上讲，我们公司这么做可能不值得，但是我可以告诉你，这太值了，我们做得很对。"

大火过后，福伊尔斯坦花了数百万美元继续发工资并不是浪费。这不是慷慨大方和慈善的举动。把数百万美元投向莫尔顿纺织厂最重要的资产是非常合理和明智的。继续给失业工人发工资是一笔投资。莫尔顿纺织厂的首席执行官福伊尔斯坦是其他公司的首席执行官的鲜明对比。其他的首席执行官往往通过裁员和把工厂搬到工资率较低的国家去的方式赚到了丰厚的收入。

今天，莫尔顿纺织厂是一家有活力的公司。现在该公司生产的抓绒和摇粒绒比以前任何时候都多。该公司已经从破产中东山再起了。现在的利润比以前更多了，劳伦斯当地经济也搞活了。莫尔顿纺织厂的工人都被证明他们懂得了忠诚度的作用是双向的。(莫尔顿纺织厂 http：//www. docin. com/p－698990075. html)

莫尔顿纺织厂事件暗示了一种伦理观点那就是关怀和忠诚

的双向作用，工厂里员工和福伊尔斯坦很亲切，这些年他们对他一直很忠诚，和他建立了亲密的关系，这些都是事实。然而，从公正的立场来看，效用主义者会说这样的人际关系是无关方面，在支持任何最大化效用的决定时无需考虑。但福伊尔斯坦觉得自己有特殊的义务照顾自己的工人，因为他们全都依靠他，和他建立了具体关系，帮助他建立自己的企业，创造了革命性的新布料，让莫尔顿纺织厂在纺织行业拥有了惊人的竞争优势。这些工人和福伊尔斯坦的关系超越了他对陌生人可能负有的任何义务。这种对有宝贵、亲近关系的特定人群施加的特殊关怀就是关怀伦理的核心概念。

2. 美德伦理的道德推理

美德是后天习得的以某些方式行动的习惯，被认为是高尚之人的部分性格，表现为这个人的惯常行为。当个人习惯于像品德高尚之人那样行动，同时具有品德高尚之人所拥有的理由、感情和欲望特点，那么这个人就具有美德。这说明，美德不是天性的，而是后天习得的。美德值得赞扬，因为这项成就必须通过努力而获得。目的论、义务论与美德论是有区别的，前两者以演绎的方式解决问题，关注的是“一个人应该如何行为”的问题。后者以归纳的方式解决问题，关注的是“一个人应该成为什么样的人”的问题。

中国儒家学说主张修身养性，就是强调后天的习得与修炼，通过后天学习来完善和丰富自身的“德性”，有助于“德行”的形成。但儒家学说也具有一定的变通性，并不一味强调“德性”或“德行”，而是鼓励人们养成德性，努力达成德行。

美德伦理的倡导者经常讨论一系列基本的善和美德，这些美德一般都被当作积极有效的思维习惯或后天养成的品格特征。亚里士多德例举了忠诚、勇气、机智、集体主义、判断力等社会所要求的“卓越”规范。虽然例举重要的美德是理论的主流任务，但美德不应被割裂开来看。美德的多元性赋予企业人士积极的品格，由此构成正直品格的最佳理念。美德伦理可以总结为：“1. 个人美德与正直有作用，但良好的公司伦理项目能鼓励个人美德与正直。2. 根据员工在组织中的角色，美德与合适的行为联系在一起才成为一个好人。3. 最终目的是服务社会需求和公共利益并在职业上获得回报。4. 组织健康与个人卓越紧密相连，因为每个人都拥有组织意识及公共精神。”①

表 2－1 有利于商业交易的美德

信任：一种相信他人行为的倾向，同时也承担所期望的行为落空的风险。	信任消除了对遵循条约、合同、互惠协议进行监控的必要以及相关成本。
自我控制：一种倾向，放弃了即刻的优势或满足。表明具有避免为了自我利益而利用已知机会的能力。	在短期自我利益与长期好处之间进行取舍。
感同身受：分享他人感觉或情绪的能力。	感同身受促进了温文有礼，因为市场上的成功依赖于礼貌地对待他人，不然人家会选择你的竞争对手而不是你。能够感受客户、员工的需求并予以满足，有利于公司经济上的成功。

① Ian Maitland, Virtuous Markets: The Market as School of the Virtues, *Business Ethics Quarterly*, January 1997, p. 97.

续表

公平：一种倾向，对感知到的他人受到的不公予以平等的对待。	公平常常与做正确的小事有关，目的是培养长期的商业关系。
真诚：一种倾向，提供个人所知的事实或正确的信息。	告知真相意味着避免欺诈，有助于商业关系中的信任。
学习：一种倾向，不断获取公司内外部有关产业、文化或其他社会方面的知识。	学习意味着获取知识以便制定更好、信息更为丰富的决策。
感恩：一种成熟的标志，是文明礼貌的起始。	感恩是认识到人们不可能靠自己一个人成功。
文明：文雅、礼貌、尊重、体贴之倾向或本质。	文明意味着按照文化上正确的方式做生意，以便减少沟通的错误、增加信任。
道德领导：性格坚毅、心智平和、生活幸福。	道德领导是某些领导者的特质，他们基于美德而显示出一致的行为模式。

资料来源：［美］O. C. 费雷尔、约翰·弗里德里希、琳达·费雷尔：《企业伦理学——伦理决策与案例》，张兴福等译，中国人民大学出版社 2012 年版，第 142 页。

美德可以驱动市场经济的良性运行。有些美德，例如真实、信任、宽容和约束，都对个人契约经济的运行有作用，并创造了使社会合作成为可能的义务。对商业交易而言，重要的美德元素包括信任、自我控制、感同身受、公平和真诚。与之相反的特性包括撒谎、盗窃、欺诈和腐败。在最广泛的意义上，这些概念似乎得到了所有文化的认同，因为那些在单一文化之内或不同文化间实践美德的人已经超越了社会规范。

（五）直觉与无意识的伦理决策

在现实生活中，有很多伦理决策我们并没有按照功利、义务、正义和美德原理进行道德思考就做出了决定。我们似乎自主地做出了很多伦理决策，而没有进行道德思考。这是为什么呢？许多心理学研究表明，人的伦理决策方式有两种：通过自觉的思考和通过无意识的心理过程。自觉思考所涉及的判断准则我们已经做了阐述，下面要分析的就是我们对无意识决策的认知。第一，我们必须弄清什么是无意识的道德决策；第二，无意识的道德决策的合理性如何体现。

1. 无意识的道德决策

心理学家斯科特·雷诺兹（Scott Reynolds）把我们自动做出许多道德决定的无意识过程称为“X—系统”，把我们做出道德决定的自觉思考过程称为“C—系统”①。雷诺兹等人认为，X—系统基于对“模式”或“原型”的使用进行道德决策。原型是对于我们过去经历的大致记忆，包括声音、语言、对象或涉及的人物、我们感觉到的情绪、我们当时的行为方式和我们遵循的道德规范类型等。大脑使用这些储存的“原型”来分析我们每天遇到的新情况，决定在各种情况中应该如何采取行动。大脑每天做的工作就是尽量地将新情况与储存的原型相匹配。原型不是固定不变的。随着我们生活经验的丰富，我们会把每

---

① Scott Reynolds, A Neurocognitive Model of the Ethical Decision-Making Process: Implications for study and practice, *The Journal of Applied Psychology*, , 2006, 91 (4), pp. 737 - 748.

次碰到的新情况获得的信息进行储存，更新原型。在这个状态下，我们就是运用自觉思考的C—系统来处理的。X—系统和C—系统其实是交替循环的应用过程。

2. 无意识道德决策的合理性

虽然对原型的使用是无意识的过程，但是这个过程并不是为人不齿和不合理的。我们进行无意识道德决策时也要与大脑中的原型进行匹配，这个原型是我们进行自觉的道德思考而获得地，这个寻找匹配原型的方法可以称为决疑法。在现实生活中，有很多商业决策都使用了这种类似于自觉的道德思考的无意识道德决策方式。对原型的无意识使用和我们讨论的自觉、合理思考过程存在相似性，这为无意识决策过程的合理性提供了充足的理由。

本书之所以介绍企业决策遵循的伦理原则，目的是当企业在决策过程中遇到伦理问题时，为如何进行伦理决策提供参考标准。那么各种道德判断方法又是如何来分析我们在企业中遇到的伦理问题的呢？下面将通过案例讨论来分析，如果以功利主义、权利和正义原则为伦理判断依据，会对三家石油公司在赤道几内亚的行为做何评价？

◎ 案例：赤道几内亚的埃克森美孚、阿拉美达赫斯和马拉松石油公司

西非国家的人民是世界上最贫困者之一，每天仅靠1美元维持生活，平均寿命只有46年。但是在2004年，赤道几内亚的国内生产总值（GDP）达到了西非最高人均4472美元。1995年，赤道几内亚在海岸线上发现了石油，到了2004年，埃克森美孚（Exxon Mobile）、阿拉美达赫斯（Amerado Hess）和马拉松石油

(Marathon Oil)(都是美国的石油公司)帮助这个西非国家每年从石油产出中获得40亿美元的收入。

赤道几内亚没有经验的政府同意将收入的80%交给钻探石油的公司，而在发展中国家钻探的石油公司通常仅收取石油项目收入的50%。这些石油公司通过里格斯银行(Riggs Bank)(在2004年的参议院报告中披露)，把用于“土地收购”、“安全服务”和“办公室租借”的数亿美元汇给赤道几内亚的总统恩圭马(T. Nguema)和他的家人。能源部门的一份报告说，因为恩圭马及其家人掌管政府，所以政府收到的近20%收入总是用于“奢侈的个人支出”，通过石油所获得的大部分资金“集中在政府高层官员的手中，而大多数人仍然非常贫穷”。

当然，如果不给恩圭马钱，赤道几内亚政府就永远不会同意石油项目。在资助学校、图书馆，根除疟疾、小儿麻痹症和艾滋病，修建卫生诊所、桥梁、水利和电力设施上，埃克森美孚说自己花了“400万美元”，阿拉美达赫斯和马拉松石油也宣称“投资了数百万美元”。一份美国人权报告说，赤道几内亚的政府违背了其公民的言论、出版、集会、法定程序、结社、信仰和活动自由权，并使用折磨、毒打和其他身体摧残虐待政见不合者。(资料来源：[美]曼纽尔·G. 贝拉斯克斯：《商业伦理：概念与案例》，中国人民大学出版社2013年版)

首先，埃克森美孚、阿拉美达赫斯和马拉松石油三家美国的石油公司进入赤道几内亚进行石油勘探开发表面上为当地的经济发展起到了推动作用，对公共福利也有提升。比如资助建立学校、诊所、图书馆等，这些从功利主义来讲都是对整体社会效用的提升。但是仔细分析其实并非如此：第一，功利原则说，特定场合的正确行为会比其他可能采取的行为带来更多效用，而不是为执行者带来更大效用。案例中则恰恰相反，这三家石油公司在赤道几内亚的勘探公司获得了80%的利润，另外20%的收入也大部分用在了政府高官的奢侈生活上，只有少数资金用在了赤道几内亚的公共福利上。第二，埃克森美孚、阿拉美达赫斯和马拉松通过不正当的手段，将数亿美金用于贿赂赤道几内亚的政府，来维持其在当地的石油勘探垄断地位。也就是说，这三家石油公司其实是站在自身利益的基础上进行的决策行为，而非社会整体的利益，这也是对功利主义原则的违背。而且美国的《反海外腐败案》就明确禁止美国公司向海外政府行贿，事实上他们的行为是违法的。所以说，这三家公司的行为是不符合伦理且违法的。

其次，从权利和正义原则来评价这三家公司的行为。第一，《美国宪法》载入了《权利法案》，在政府有义务不得干涉公民生活方面做了很多规定。而赤道几内亚的政府违背了其公民的言论、出版、集会、法定程序、结社、信仰和活动自由权，并使用折磨、毒打和其他身体摧残虐待政见不合者。虽然美国的人权报告提出了这些问题，但是通过案例我们可以知道，赤道几内亚政府的最大资金赞助者就是美国的这三家石油公司。由此可见，其行为是违背伦理的。第二，跨国经营的海外贿赂是违反公平正义原则的，在大多数国家和地区被视为不道德行为而遭到禁止和打击。“贿赂是对整个商业体系的损害，对公平竞争的理念的损害，对机会均等的前提的损害，对其他同行业公司及员工的损害，以及政府官员诚实形象的损害”①。而且赤道几内亚没有经验的政府同意将收入的80%交给钻探石油的公司，而在发展中国家钻探的石油公司通常仅收取石油项目收入的50%。在收入分配上的不公平行为也同样是违背伦理的。

因此，一项符合伦理的企业决策行为应该是依靠多种道德原则的综合考量，这也是本书强调道德推理多元化的重要作用。如果这三家公司希望进行或被责令进行伦理决策（因为其行为违背美国法律并且激起了当地居民的愤慨），可以试着从这几个方面考虑：一、将收入的比例进行改变，与其他发展中国家持平为50%。二、将更多的资金投入到赤道几内亚的公共建设中，提高当地居民的生活水平。三、坚决反对对海外政府的贿赂行为，提倡公平竞争，使得落后国家的经济可以良性发展。

二、对道德推理多元化的评论

现代社会在很多方面都具有多元化的特点，不仅是文化，也包括道德标准。道德推理，也可以称作道德判断或者道德推论，是指对道德标准进行判断的过程，也是“使用道德语言，通过道德推理的引导，用道德术语界定我们与他人之间交往能力”② 的过程。

Velasquez（1992）这样描述我们所面对的问题：“我们的道德体系包含三种道德思考，每一种都在强调我们行为中重要的

---

① ［美］理查德·T. 德·乔治：《企业伦理学》，王漫天、唐爱军译，机械工业出版社2012年版，第31页。

② ［美］麦金太尔：《德性之后》，龚群等译，中国社会科学出版社1995年版。

道德层面，但没有一种涵盖了我们进行道德判断时考虑的所有因素。功利主义的标准考虑了综合社会福利，但却忽略了个人利益及利益分配方式。道德权利思考了个人福祉，但却忽略了整体利益及利益分配。正义或公平标准考虑了分配中的问题，但却忽略了社会和个人福祉。这三种道德思考似乎都不可以彼此替代，但又似乎是我们道德体系不可或缺的组成部分。换句话说，有些道德问题必须从功利的角度思考，而另一些则可能涉及个体权利或分配公平的原则。"①

行为或规则功利伦理、道义论及德性伦理的哲学基础各有不同，有些哲学家认为道德准则可以脱离哲学的支撑（Wenz，1993），也就是持一种道德多元论的观点。陈泽环认为，道德原理多元化由道德生活多元化的基本现实产生，是民主精神和道德规范社会功能的体现。②

（一）道德多元论并非相对主义，道德推理方式要相互结合

仅因道德多元论和相对主义都认为"行为遵从不同的道德标准"就将两者等同是错误的。"可以这样说道德的相对性是存在的，但是伦理相对主义否认存在判断善恶是非的合理标准，认为对于一个行为的道德判断正确与否是相对于某一个道德框架而言的，我们并无客观的依据对不同的道德框架进行评判，这就必然导致不同社会、不同文化之间的道德争议和道德批评

---

① Manuel Velasquez. *Business Ethics*: *Concepts and Cases*. 3rd ed. Englewood Cliffs, Prentice Hall, 1992.

② 陈泽环：《个人自由和社会义务——当代德国经济伦理学研究》，上海辞书出版社 2005 年版，第 5 页。

变得不可能。”① 道德多元论存在并不意味着有规范性伦理相对论，事实上，它们存在的前提是各种道德行为有着广泛的共同背景。“我们遇到的道德行为形形色色，以至于我们忽略了它们的共同之处：对人类的尊重、对真相的尊重以及对他人所有权的尊重”，正是这些共性的内容确保了企业经营活动的正常持续进行。道德多元论的存在并不妨碍我们制定法律推行共同的道德标准，界定信仰自由的范围，以及在某些重大社会问题引起道德争论时履行必要的裁决职能。② 因而，道德推理多元化发展与道德相对主义有联系但不能等同于道德相对主义。

“道德推理的多元化发展表明，各种道德理论要被人们有效运用于复杂的企业管理活动就必须相互合作”。面对复杂的企业伦理决策问题，“任何单一的道德推理方式都显得捉襟见肘，其原因就在于各种道德推理方式都有自己固有的优长缺失”③。效用标准考虑了社会整体福利，却忽视了福利分配的方式和个人的道德诉求。道德权利考虑了个人，但是在总体幸福和分配考虑方面都打了折扣。正义标准考虑了分配问题，却忽视了社会总体福利和个人本身。虽然关怀标准表明必须对与我们亲近之人表现出偏袒，但却忽视了正义的要求。上述表明，在日益全球化的企业管理活动和社会道德生活中，要寻找复杂的企业伦理决策难题的答案，我们在进行道德判断时就必须对各种道德

① 张彦：《价值排序与伦理风险》，人民出版社 2011 年版，第 136 页。

② ［美］理查德·T. 德·乔治：《经济伦理学》，李布译，北京大学出版社 2002 年版，第 57 页。

③ 龚天平：《伦理驱动管理——当代企业管理伦理的走向及其实现研究》，人民出版社 2011 年版，第 258 页。

推理理论进行系统性、结合性、共生性的考虑。

（二）道德推理多元论有利于企业管理

第一，道德推理多元化有利于企业伦理决策行为在价值目标上进行多样化的选择。伦理决策解决的就是企业决策行为涉及价值判断的部分，起到的是确立企业最终目标正确与否的先导作用。道德推理的多元化有利于防止道德独断论，在价值选择上有多元化的选择。道德多元化有助于管理者从全局观、发展观的综合视角探寻企业树立正确目标的途径。道德多元论有利于企业管理者合理分析伦理困境，对企业行为进行道德审视和道德思考。“采用道德多元化的推理方法，也许既能发挥各种道德理论体系、各种道德原理和道德规范合理性方面的作用，又能让道德理论体系所揭示的那些基本的、公认的道德原理和道德准则规范企业经营管理行为以形成正常的经济秩序的功能。”①

第二，道德推理的多元化发展也有利于企业伦理决策，民主管理，建立友好的组织氛围，形成强大的凝聚力。将道德准则融入管理决策行为，可以协调组织和个人的利益关系，使组织成员自觉地将个人利益与组织的使命紧密地联系在一起，形成群体价值观。群体价值观不仅具有向心力，同时具有约束力，规范人的行为。就企业外部管理来说，这有利于我国企业在国际化经营时与他国进行“道德智慧”的辩证互动。在“尊重地方智慧”的基础上，“入乡随俗”更讲究的是“俗”的公正合理

---

①　龚天平：《伦理驱动管理——当代企业管理伦理的走向及其实现研究》，人民出版社 2011 年版，第 260 页。

性，道德推理的多元化就有利于管理者在跨国经营中进行伦理决策。如果在企业经营所在国使用童工、血汗工厂、贿赂盛行是合法或普遍存在的，入乡随俗就不能成为效仿这些行为的借口。

第二节　我国企业面临的价值争论与选择

道德之所以产生是因为人的需要，因为认识到以合作和有意义的方式生活在一起的重要性。“坚守道德原则，使得人们尽可能生活得和平、幸福、充满创造性和富有意义。”① 道德在企业和人的中间起到了中介的作用，是对两种关系的把握和规范，以促进共同的福利、发展、创造性和价值，力求扬善抑恶、扶正祛邪。这种福祉是人类共同的诉求，不管是中国还是其他任何国度都是一致的。不同的是，人的需求如道德原则一般是多元的，决策主体经常面临伦理困境和决策两难，在上一节论述商业中的道德推理方法时，我们看到有一些普遍性的道德争论点。在开始确立企业人的道德体系之前，对有些争论必须加以解决和综合。

一、我国企业主要面临的三重关系

第一，人我之辨。企业的存在和发展离不开人之主体，企业“无人”则“止”。人我之辨强调自我和他人何者为先的关系

① ［美］雅克·蒂洛、基斯·克拉斯曼：《伦理学与生活》，世界图书出版公司2008年版，第27页。

问题，在企业决策行为中，主要涉及以下关系问题：企业和员工之间的关系；企业和顾客之间的关系；企业和竞争者之间的关系等。在人们可能建立的认可道德体系中，如果人们把自己视为至关重要的因素，应该是正当的。但是，当企业和利益相关者之间的利益发生冲突时，普遍型的伦理利己主义不能提供任何真正符合每个人最大利益的解决办法。因此，周辅成认为功利主义的道德状态，即为每个人的最大利益而行动，更可能实现好结果的最大化与公平正义。

在企业伦理决策过程中，员工是不可或缺的道德主体。坚持以人为本、个体尊重是企业内在的伦理精神的体现。企业的劳资关系应该奉行人道主义，加强忠诚教育，树立公平企业环境的伦理原则。顾客是企业有型商品和无形服务的最终体验者，大多数企业都将顾客比喻为“上帝”，从而体现其重要性。在现实的生活中，作为“上帝”的顾客往往显得不是那么名副其实。从众多的消费者投诉案件中，我们发现，在企业的霸王条款下，顾客只是弱势群体。企业赋予顾客的“上帝”之名并没有落实。企业伦理决策就是要求企业更加公正地对待自身与他者之间的关系，善待员工，尊重顾客，公平竞争。竞争是企业与竞争者之间的常态，但竞争的结果并非永远是零和博弈，在国际化竞争的背景下，企业很难单靠自身的力量撑起整个行业的发展。故而，在企业人我之辨的关系中，竞合、双赢将成为企业伦理决策的主流态势。

第二，义利之辨。企业决策和企业活动中，“最基本的矛盾关系是经济和伦理的关系，它包括两个方面：一是二者是否一致；二是何者优先”①。企业财富观和道德意蕴的义利之辨就是这两者关系的现实体现。“如果谋利是企业的天性的话，那么在这个谋利的过程中遵循一定的道义就构成了一个企业的德性，因此，在一般意义上来讲也可以把企业伦理学理解为研究企业如何追求义利统一之道的学问。”②

企业具有经济属性，在竞争性的经济制度中面临巨大的竞争压力，经济利益的获取往往是企业生存和发展的第一要务。如果管理者仅从自利和理性的双重视角出发就极有可能造成企业经营决策过程中对道德的无视。通常出现的现象就是保持道德沉默或责任缺失。企业道德行为失范使得社会付出了惨痛的代价，对企业自身长远发展也是不利的。近些年，社会对企业的种种败德行为进行了反思，对企业中的义利关系进行了新的定位，要求企业承担社会责任、注重利益相关者的权益。“受这些思潮和运动的影响，也使得企业在伦理决策过程中，在义利关系问题上有了新的变化趋势……从以所有者为中心到关注利益相关者，从承担经济责任为主到肩负企业全面的社会责任。”③

第三，志功之辨。志功之辨是企业伦理决策之源，这里的“源”体现在企业发展目标的诠释上，也体现在对企业行为评价的标准来源上。志功之辨主要涉及的是伦理学中的动机和效果

---

① 刘可风、龚天平、冯德雄：《企业伦理学》，武汉理工大学出版社 2011 年版，第 12 页。

② 张应杭、黄寅：《企业伦理：理论与实践》，上海人民出版社 2001 年版，第 1 页。

③ 张彦：《论当代企业伦理建设中的价值排序问题——马克思主义经济伦理学的现实解读》，载《伦理学研究》2012 年第 9 期。

的问题，跟现代伦理学中的义务论和功利论是息息相关的。企业为何而存在？企业发展的目标是什么？企业在纵深的发展过程中如何树立自身的边界？这些问题，都与企业的志功之辨紧密相连。

对于企业道德体系的建设，学者们大多持统一整合论和综合论的视角。“人们在分析企业行为时，不至于偏执于道德理论的一种。如果人们硬要在道德伦理体系、深层的道德原理和道德规范上进行绝对的是非评价，作出非此即彼的选择，不仅会不明智地对正常的企业经营秩序和社会道德秩序造成伤害，可能还会由于各种道德价值体系的冲突，无法取舍，而使企业行为的道德评价变得不可能。”① 我们必须考虑决定、行为和规则的结果，但同时要意识到避免“目的证明手段之正当性”的问题。对冲突的综合法是既要使企业的道德体系具有对结果的基本关切，又要注意到结果并不总能证明其手段或动机的正当性。例如，污染企业每年为区域经济发展贡献 GDP，但却是以污染环境为代价换来的。这种经济增速实现了短期的提升，却以长远的人类生存环境作为代价。自然已经给人类发出了警示，人类生存的环境岌岌可危。故而，任何不兼顾利益相关者的利益、不能可持续性发展的企业业态，无论曾经多么辉煌，最终都会走向消亡。

近年来，越来越多的学者开始关注伦理决策中的价值排序问题，研究趋势以综合和整合利用各种道德原则为主。例如 1999 年美国管理伦理学家托马斯·唐纳德和托马斯·邓菲出版

---

① 龚天平：《伦理驱动管理——当代企业管理伦理的走向及其实现研究》，人民出版社 2011 年版，第 259 页。

的《有种约束力的关系——对企业伦理学的一种社会契约论的研究》一书中系统地提出了综合社会契约论。综合契约论是一个对企业伦理决策具有重要意义的道德体系，主要包括：最高规范、宏观社会契约、微观社会契约、道德自由空间四个方面的内容。为了调节各种规范之间的冲突，唐纳德和邓菲还提出了优先准则，这也是综合契约论道德推理的重要内容。再如曼纽尔·贝拉斯克斯（2013）整合效用、权利、正义和关怀四种基本道德思考，系统性地进行伦理判断。还有阎俊在其博士学位论文《企业营销道德决策研究》中提出的二层次法的判定模型。寇小萱在她的博士论文《企业营销中的伦理问题研究》中提出的层次型营销道德评价模式。当然，我们的目的不是对各种道德推理体系进行评判，而是在其中探寻更适合企业伦理决策原则体系的构建方法。

二、价值原则的选择

在企业伦理研究中，我们试图从各种伦理理论中寻找某些具有指导意义的共性，采用一些基本的道德判断模式，以便分析企业中存在的伦理问题。雅克·蒂洛认为，道德体系的构建，若想不架空于现实可以落实，就必须有几项清楚的基本观点。这些基本观点的设想要注意以下主要特征：应兼顾理性与情感，但以理性为基础；应保持逻辑的统一性，但并不僵化不变；应具有普遍性，从全人类的视野出发，同时也适用于特定的个人与情境；应便于宣传与教育；必须能够解决人与人之间、责任与义务之间的矛盾。[①] 人道主义伦理学体系将生命价值原则、善良原则、公正原则、诚实原则、个人自由原则作为体系内的基本原则进行道德思考，而且这五条原则之间是有层次的。

第一，生命价值原则。生命价值原则主张“应该尊重人的生命，也应该接受死亡”。任何道德体系，如果没有类似这样表达对保护和被保护人的生命的关切，那么，它就不起作用或不能存在。如果没有生命，就不存在任何道德原则。而人的生命仅有一次，不可能重来，任何人都不能以任何形式真正占有其他人的生命。

生命价值原则必须成为任何道德或人性的基业经验的起点。

第二，善良原则。善良或正当原则对任何道德体系都是根本原则，它要求人们努力做到三条：惩恶扬善做好事；不制造伤害不做坏事；防止伤害制止坏事。

伦理学家们都要求人们努力行善、做正当的事，避免和制止邪恶和不正当之事。当我们说起一个道德的人、生活或行为的时候，我们指的就是善人、善良生活和正当行为；反之，则是恶的和不正当的行为。

第三，公正原则。公正原则关注的是如何公平合理地分配效益和负担。在人们之间分配效益和负担时，每个人都应该公平公正地对待他人。人们应该努力做好人、做正当的事；但这是不够的，还要努力分配因此获得的效益。谁应当得到善良行为带来的利益？应当如何分配这些利益？因为个人的道德行为总会影响到其他人，因此产生的效益和负担必然要落到他人手

---

① ［美］雅克·蒂洛、基斯·克拉斯曼：《伦理学与生活》，世界图书出版公司2008年版，第142页。

里。理性的道德发出的命令是：对效益和负担的任何分配都应该遵守某种程序。不应该由于肤色、性别、宗教信仰、年龄、外貌等因素而拒绝给予任何人机会。我们必须承认作为人的普遍平等，而当努力地分配好坏时又要考虑个人差异。由于我们的行为必然影响到他人，为了合理道德地对待他人，我们就必须拥有公正原则。

第四，诚实原则。说实话或诚实原则，为有意义的交往做准备。在任何道德体系中，或者两个人或更多人之间的任何道德关系中，富有意义的交往都是完全必要的。此外，道德因为人们之间达成的协议产生，如果人们虚假地对待这份协议，那么人们之间达成的协议也就不再能维持下去。人们需要建立起具有互信感的关系，从而相信彼此间的所言所行都是各自思想感情的尽可能诚实坦率的表达。康德认为，说谎不可能前后一贯地成为全人类的箴言。其他大多数道德体系也都至少含有一条针对说谎的一般禁令，在这些例外情况下，说谎成了“两恶相权取其轻”中的轻恶。既然道德是一切人际关系中最重要的关系，那么，把说实话和诚实视为任何道德理论或道德体系的根本和基础，就是绝对必要的。

第五，个人自由原则。其主张，人们作为具有独特差异性的个体，在以上四条基本原则的框架内，必须拥有选择自己道德修养方式方法的自由。之所以在最后提出个人自由原则，就是为了让人懂得个人的道德自由受到其他四条原则的制约，即保存和保护人的生命的必要性、行善止恶的必要性、分配好处和坏处时公平待人的必要性，最后还有说实话和诚实的必要性。个人自由原则的道德基础是：一个人在试图建立人类道德要考虑到其他人，每个人都是独特的个体。人们处在不同的发展阶段，考虑到个体的差异，唯一的方式就是让个人以其自选的各种独特方式度过自己的一生。这体现了基本原则的准绝对性，同时体现了一个合理道德体系框架的灵活性和稳定性。

第三节　价值排序方法及其在企业中的应用

本节主要说明任何一套基本原则当付诸应用时都存在一个主次序列问题。确定五条道德原则之主次序列有两种方法："一般方法。这种方法根据逻辑的和经验的优先性，将五种基本原则分为两大类别；特殊方法。按照这种方法，主次序列由道德行为和决定所由以产生的、所有基本原则在其中必然起作用的实际境遇或背景所决定。"① 最后本节要说明五种价值原则在企业决策中的应用。

一、决定基本原则主次序列的一般方法

第一，主要类别。按照一般方法对五条基本原则进行分类，生命价值原则（没有生命就没有任何道德）和善良原则（由于它是任何道德体系的根本原则）在逻辑上和经验上都是优先于其他三条原则的，因此这两个原则构成了首要的主要的一类原则。逻辑上的优先性就是由逻辑性决定原则之先后次序的方法，或者是逻辑思维促使我们为原则排序的方法。经验优先性指的是得自于由观察到感觉的证据所确立的优先性次序。

---

① ［美］雅克·蒂洛、基斯·克拉斯曼：《伦理学与生活》，世界图书出版公司 2008 年版，第 155 页。

第二，次要类别。另外三条原则组成从属性的次要类别，其顺序如下：第三条原则是公正或公平原则，因为大多数人类行为所涉及的人数都在两人以上，必定要进行某种利益分配。第四条原则是说实话或诚实原则，因为它源自于公平公正地对待他人的需要；它是人类交往和关系的基础，而人类交往和关系又是整个道德的基础。最后的但并非不重要的第五项原则是个人自由原则，其所以重要是因为每个人都是独特的个体，在许多情况下，只有本人才能成功地确定自己的利益所在。

这五项原则分为两大类，并不是说次要类别在任何时候都不能优于主要类别。这两大类别只是一般意义的主次序列。这样分类的另一个原因是因为主类包括的两个原则之间可以互换，次类包括的三个原则之间也可以互换。

二、决定基本原则主次序列的特殊方法

道德和道德决定不是发生于抽象观念中，而是发生于日常生活的基本境遇中。由于道德或不道德都发生于特定的境遇或背景中，对这种境遇和背景必须进行仔细的观察和分析。任何理论、规则或道德原则若不能有意义地应用于现实的人的境遇之中，则必定因其无用而受到质疑，或许要被抛弃。

这是否就意味着人不能从这些特定境遇、特别是非常相似的特定境遇中归纳出一般规则；相反地，这意味着一般规则必须来自尽可能多的特定境遇，得到尽可能多的实在的事实证据的支持。正是由于这个缘故，严格的非结果论的道德方法常常受到质疑。所有的行为都有结果，道德的或不道德的行为对人类都会产生最重大的后果。不容置疑的规则往往过于宽泛，很

难应用于特殊的境遇，因为其并没有告诉人们在这种和那种特定的境遇中该如何行动。

但是，对于上述的五条基本原则若没有充足的理由则不能违反。在现实的生活中，往往需要从综合的合乎人性的基本原则出发。这样，我们才有了可以行善避恶的基础，当考虑做出道德决定时，我们生活中遭遇的不同境遇就不至于扰乱我们的思想。因此，人道主义伦理学是一种兼容并包的“混合义务论”方法，即结果论—非结果论与行为—规则相结合的道德方法。

每种境遇将帮助人们确定如何去坚持或贯彻这些原则。特定的境遇将帮助人们决定是否应该结束生命，应当允许或拒绝那些自由，什么是要采取的正当行动或不正当行动，什么是对每个人都最为公平的行为方式。这样道德的基本原则就将提供人们所需要的统一性，而涉及道德决定的特定境遇中，个人对这些原则的理解和执行又呈现出同样需要的多样性。

三、做出正确伦理决策的步骤

第一步，收集事实。伦理学方法没有清晰地告诉我们要如何去收集事实，但是它们好像假设我们会完成这重要的一步。如果你知道有多少人没有经历这一步就直接得出解决方案，你会感到震惊。收集事实经常被认为是容易的，但往往没那么简单。许多伦理决策之所以困难，就是因为有很多不确定性包含其中，事实可能就是得不到。例如，某行为是否涉及贿赂，你就有必要了解该行为所涉及的法案和规范，以及行为的影响。但是认识到这些限制，在你决策之前，你就会尝试去收集你所能找到的事实。

第二步，确定伦理问题。大多数人面对伦理困境会有一种条件反射似的反映。他们会直接跳到解决方法上去，而没有真正的去深入思考这个伦理问题以及做出这个反应的原因。在没有首先确定伦理问题或者困境中的主要价值冲突之前，不要跳向解决方案。通常有多种伦理问题，有道义的、基于信条的，还有其他一些其他的我们讨论过的道德推论。伦理冲突可能会回到功利主义和道义主义方法的冲突上。这时要自己去思考尽可能多的所涉问题，同时与其他人讨论一下也会帮助你检查是否留有遗漏掉的问题。

第三步，确定受到影响的利益相关者。功利主义和道义主义的思考都涉及界定出受决定影响各方面的能力。功利主义者会希望界定出所有的将获得益处或者损害的利益相关者。道义主义者会希望知道涉及了谁的权利，谁有义务在这个情景中做出行动。Kohlberg 研究了通过“角色扮演”触景生情的道德推理技能，一旦利益相关者被确认完，角色扮演就能帮助决策人从不同的利益相关者的视角来看待这个问题。这个步骤包含了一个黄金法制：对待别人像你希望别人对待你一样。

第四步，确定结果和义务。首先确定结果，在确定受影响的各方之后，考虑一下你的决策会给他们带来的可能的后果。这一步骤很显然是从功利主义的方法中提炼出来的，这并不是要求把每一种结果都确定一下，但是你应当把那些有很大的发生可能性以及有相当大负面影响的后果找出来。在企业决策过程中，思考眼前和长远后果、考虑行动潜在的象征性结果及是否保密负面的结果是相当重要的。其次，确定涉及的义务，并给出原因。每个人确定义务可能都会不同，这取决于涉及的人和他们所扮演的角色。由于普通人对科技和权威的信任，每一个具有权威和话语权的人都有义务要反映事实。

第五步，考量自身。考量自身是一个反向的思考，其中包括考虑诚实正直与自身的个人品格、有创造性地去思考所能采取的行动、检查一下自己的直觉。在思考伦理困境中应当怎么做时，首先要确定相关的职业或者社会团体，然后确定团体成员会怎样评估你正在考虑的决定或者行动。如果你的一项决定在告知你的亲人、朋友、员工或伦理榜样时，你会感觉不舒服，那么你就要重新考虑你的决定。在你做决定前，没有必要将自己陷入非此即彼的死角。通过创造性的思维后，你会发现也许还会有第三中选择的出现。

上述的步骤所强调的都是高度理性的事实收集和评估过程，但是在这个过程中也不要忘记作为决策者自身的直觉。感同身受和追求公平一直是我们接受的教育，通过感情的移入去体会别人的内心，以及可能受到的伤害是人之所以为人的基本道德情操要求。直觉也要与大脑中的原型进行匹配，这个原型是我们进行自觉的道德思考而获得的。在现实生活中，有很多商业决策都使用了这种类似于自觉的道德思考的无意识道德决策方式。对原型的无意识使用和我们讨论的自觉、合理思考过程存在相似性，这为无意识决策过程的合理性提供了充足的理由。

四、伦理原则在企业经营决策中的应用

在企业活动中，人们必须尊重、保护和保存人的生命；在企业中努力行善、避免恶性和危害；努力公正合理地分配企业活动所产生的好处和坏处；在所有企业交往（包括协议、合同、谈判、广告）中尽可能做到诚实与说实话；在上述原则的范围

内，尽可能充分地考虑到雇主、雇员和消费者的个人自由。企业的做大做强如果以环境和资源为代价的话，就应该选择保护和保存环境和资源。因为，误以为资源不会枯竭而滥用资源、以及对生活环境的破坏，比经济状况对我们的生活和健康具有更为严重的当前和长远的影响。这一策略不是要停止企业的发展；而是表明，企业经营必须同环境相协调而不能不尊重环境。

（一）企业的权利

企业的权利和义务，“权利”，是指法律、道德或传统赋予人的东西；“义务”，是指人们具有的相互对待的某种职责或责任，以确保人们的权利得到维护，确保人们被赋予了权利。雅克·蒂洛认为：“没有任何权利如此重要，以至于始终压倒所有其他权利——权利的冲突不是通过宣布某些权利为绝对而获得合乎道德的解决，而是要通过确定某种主次序列、确保显见权利、根据具体状况合理调解权利间的关系加以解决。”①

正如人道主义伦理学体系的五种原则总体上适用于生活，它们也适用于企业。然而，企业领域还有具体权利，即上述一般权利的具体应用。这些权利包括：雇主、员工、消费者的生命都应该受到保护；有不受歧视求职和被雇佣的权利、机会；有建立企业、自由招聘、获取利润的权利；在企业与其利益相关者之间，要求协议和合同公平实施的权利；职业安全的权利；努力吸引消费者购买产品与服务的企业权利；任意选购产品与服务的消费者权利。

---

① ［美］雅克·蒂洛、基斯·克拉斯曼：《伦理学与生活》，世界图书出版公司 2008 年版，第 327 页。

（二）企业的义务

就企业义务而言，企业有义务做到真诚和讲实话；与他人交往建立在公平公正的基础上；按协议与合同办事；及时清还债务；保证员工工作环境的安全；生产优质的产品；尊重相互的隐私；最后，在可接受的范围内，忠于其利益相关者。

任何企业的权利和义务都应当向每一个相关者——雇员、消费者和雇主——交代清楚，每个人都要竭尽权利地监督其落实并遵行之。换句话说，在企业领域如同在生活的其他方面一样，做到有道德是极为重要的，企业伦理决策必须贯穿于生产、消费、竞争和发展过程中。

（三）全球性原则

当伦理原则进入实践时，企业对什么行为是可取的或不可取的会有更清楚的理解，这就有了伦理准则。瑞士的考克斯圆桌会议从国家—企业的层面创立了国际伦理准则。此外，全球最大的50家公司签署了《联合国全球公约》，其目的是支持自由贸易联盟、消除童工现象和保护自然环境。公约要求签过字的公司每年公布其在这些领域取得的进展，并希望他们与联合国机构合作，在作为其经营地的发展中国家完成社会工程。国际标准化组织（ISO）已开始制定社会责任的国际标准。另一项全球性原则由利昂·沙利文（Leon Sullivan）制定，以解决南非后种族隔离时代的歧视与斗争。沙利文曾与联合国秘书长一起修订原则，以满足全球需求、倡导世界各地的企业履行社会责任。

国际商学院联合会（AACSB）是一个代表1100所商学院的

国际组织，它已采用这些普遍性价值观，并提出“负责任的管理教育原则”。这项原则与可持续发展密切相关。此外，国际商学院联合会正帮助促进和支持教育工作者、商界、政府、消费者、媒体、民间社会组织、其他有兴趣的团体及利益相关者就社会责任和可持续发展等重大问题展开对话和辩论。这种合作表现在国际商学院联合参与了《联合国全球公约》，这是一项旨在把企业目的与全球普遍接受的人权、劳工、和环境原则相结合的政策创议。

第三章
企业伦理决策行为相关因素的现实考察

在现实的企业经营活动中，都有准则和规范的约束。例如，安然就有将近60页的员工守则，但是它还是倒闭了，是什么原因使得企业道德行为失范、规范成为摆设？这就成为企业伦理决策研究的另一重点研究内容。本章主要通过描述性分析和案例分析的方法对企业伦理决策行为进行现实考察，主要目的是通过第二章探讨的伦理原则判定企业决策行为的伦理合理性。厘清道德强度、企业人个人道德认知发展阶段、企业伦理氛围与企业伦理决策过程的关系并提出理论假设，为第四章的实证做铺垫。

第一节　企业伦理决策行为的现状

对于企业伦理决策行为的现状考察，采取了问卷调查和情景模拟的方式综合进行。通过问卷的反馈和调研可以较准确地获得企业人在面临伦理困境时的伦理认识、伦理判断、伦理意图，反应企业人伦理决策行为的现状。Alexandar & Becker（1978）认为，情景模拟可以使伦理决策的情景更加真实，并且有助于将不同受访者的影响因素标准化。①

一、情景设定与现实考察

对伦理问题的识别往往是伦理决策行为的第一步，情景设定和伦理小剧本的应用已成为企业界和学术界通用的研究方法。伦理困境（ethical dilemma）是“指需要个体、群体或组织在几个错误的或不道德的行为中做出选择的问题、情形或机会。伦理困境中并不存在完全正确或合乎伦理的选择，有的只是在一些或全部利益相关者看来违反伦理或法律程度稍低的选择”②。

本研究结合 Jones 的伦理问题权变模型及 Singhapakdi et al.（1996）在 DIT 基础上所发展的量表，选取企业人决策过程中较常出现的伦理困境，设定了商业贿赂、跨国经营腐败、隐瞒产品缺陷三个场景，并进行了道德强度大小的区分。研究中应用了统计分析工具 SPSS 18，采用李克特 5 点记分法（1. 不能认同；2. 有点不能；3. 不知可否；4. 一般认同；5. 完全认同）。通过对来自广东、广西、湖南、湖北、北京、上海、重庆、山西、辽宁 9 地 27 家企业的 441 名企业人的问卷调查，从伦理问题的认知、伦理判断、伦理意图三个过程分析企业人伦理决策行为的现状。

---

① Alexander C. S. and H. J. Becker, The Use of Vignettes in Survey Research, *Public Opinion Quarterly*, 1978, 42, pp. 93 – 104.

② ［美］O. C. 费雷尔、约翰·弗里德里希、琳达·费雷尔：《企业伦理学——伦理决策与案例》，张兴福等译，中国人民大学出版社 2012 年版，第 57 页。

（一）情景一：商业贿赂

情景一设定的是员工的个人行为对企业经营活动的影响，集中反映的伦理问题便是“利益冲突”。当个体选择必须是促进其个人利益，还是企业利益，抑或其他某一团体利益时，利益冲突（conflict of interest）就产生了。为了避免利益冲突，员工们必须能够把私人利益和商业交易区分开来。商业贿赂中通常会涉及雇用朋友、亲戚或退役军官，目的是提高拿下合同的几率。贿赂（bribery）是指“企业外部人士向企业雇员提供某些好处（通常是金钱）以使企业外部人士或其所属企业从交易中获得不合法利益的行为”（Velasquez，1988）。有关某事件是否是贿赂的一个关键问题是：它决定了该行为究竟是违法的，还是有违普遍接受的道德或惯例。因此，贿赂被定义为违法行为，但同时它也可能成为企业伦理问题，因为，贿赂在不同的情形和文化环境中有不同的定义。

表 3－1　伦理剧本情景一

情景一	A 是某建筑企业的采购人员，其主要的工作任务是代表企业采购钢材，企业明确规定禁止收受钢材销售商的礼物和回扣。今天 A 收到快递人员送来的某钢材销售公关人员赠送的礼物，一本做工精致的皮笔记本。
强度小	今天 A 收到快递人员送来的某钢材销售企业公关人员赠送的礼物，一本做工精致的皮笔记本。A 不想把礼物的事情告诉老板，并接受了这个礼物。
强度大	如果 A 接受的是钢材销售商送的一万元现金呢?

影响伦理认知、判断、意图、行为的个人因素中，受到研究的有性别、年龄、学历、职业、工作年限等人口统计变量。本研究根据被调研企业人对情景一问题的选择，逐一进行了比对，发现除性别外，年龄、学历、工龄、职务、企业规模均未显现明显差异。O'Fallon、Butterfield（2005）对1996—2003年西方企业伦理决策实证文献进行论文综述，他们发现大多数研究个人影响因素的文献中，以人口统计变量作为自变量的研究结果是多元的，并不统一①。

由表3-2可知，被调查者们对情景一A的做法整体评价持否定态度，均值皆小于3，他们认为A的行为是有悖伦理的，而且与他们自身的选择相反。从分析数据的结果来看，被调查者们均认为情景一为贿赂行为，属于伦理问题应该提高警惕。Jones的道德强度理论中认为结果的大小会影响企业伦理决策行为，也得到了解释。结果强度小时伦理决策的三个过程的均值为2.89、2.94、2.77，接近于3，而结果强度大时伦理认知、伦理判断、伦理意图的均值为1.67、1.80、1.74，接近于2。在结果强度不同的条件下，被调查者的选择产生明显的变化。另外，在对情景一的数据分析中，本研究发现被调查者中女性的道德敏感度要优于男性，在结果强度大和小时女性的伦理认知、伦理判断、伦理意图的均值皆小于男性的数值。这也验证了Kaplan、Pany（2009）的一项关于性别和财务报告作假企图的研究，

---

① O'Fallon M. J. and Butterfield K. D., A review of the empirical ethical decision-making literature: 1996 - 2003. *Journal of Business Ethics*, 2005, 59 (4), pp. 375-413.

研究表明女性参与者比男性更愿意去检举这一行为①。

近年来，国有企业的腐败问题不断被曝光，国家电网、三峡集团、中国石化、华润集团等国有企业都有前高管被公开查处，2009年美国司法部反海外腐败诉讼案件也牵扯中国6家大型国有企业。国有企业腐败问题的产生与其特有的“一把手”文化和公司治理问题分不开；缺乏监管的权利、垄断的市场地位、混乱的内部管理，极易产生腐败问题。与私人公司的商业贿赂和侵占不同，国有企业的腐败所造成的损失将直接转嫁给全社会。这不仅降低了经济效益和社会福利，也是对社会公平和正义的直接剥夺。在某种程度上，我们可以这样说，国有企业的腐败是最不道德的行为之一，其危害与官员腐败和市场垄断不相上下。

表3-2　情景一描述统计分析表

情景一		总体均值 N=441	男性 N=207	女性 N=234
强度小	伦理认知	2.89	2.89	2.89
	伦理判断	2.94	3.05	2.85
	伦理意图	2.77	2.82	2.73
强度大	伦理认知	1.67	1.78	1.58
	伦理判断	1.80	1.83	1.78
	伦理意图	1.74	1.83	1.66

① Kaplan S. , Pany K. , Samuels Janet and Jian Zhang, An Examination of the Association Between Gender and Reporting Intentions for Fraudulent Financial Reporting Intentions For Fraudulent Financial Reporting, *Journal of Business Ethics*, 2009, 87 (1), pp. 15-30.

（二）情景二：跨国经营腐败

情景二设定背景是涉及企业跨国经营过程中常出现的伦理问题。主要分析的是当母公司要拓展海外业务时，是否要向当地政府官员行贿。这时企业决策者的参考标准就会复杂化，既要考虑母公司所在国的法律和行业规则，同时要考虑海外国家的法律和行业规则。贿赂可以区分为“主动行贿”和“被动行贿”。“主动行贿”，意思是指允诺行贿的人主动从事违法行为。“被动行贿”是指受贿的官员违法。然而，如果受贿的外国官员所在国有成文的法律或案例允许或要求企业给予官员好处的话，受贿就不算违法行为了。

费雷尔认为，为了得到或维持生意或其他不恰当利益的小笔通融费并不构成贿赂。在一些国家，这种付款可以吸引公务人员履行其职责，比如颁发执照或许可证。然而，让其他国家对此进行定罪似乎并不实际，也非有效的辅助行动（Ferrell，2012）。在许多发达国家，社会公认员工不应该接受贿赂、私人付款、礼品或特殊好处，因为行贿的人通常想要以此来影响决策的结果。贿赂导致了许多管理者、立法人员以及政府官员倒台。一家机构曾估计，全球每年大约有 800 亿美元用于行贿或与此类似的目的。①

① John Byrne，Fall from Grace，*Business Week*，Auguest 12，2002，pp. 50 – 56.

表 3－3　伦理剧本情景二

情景二	B 是一家企业海外投资项目的负责人，他们正计划向一个快速成长的发展中国家投资建厂。但是要想获得准入的手续就必须向当地的政府提供变相贿赂。
社会舆论小	据 B 了解，有部分计划进入该国的外资企业通过贿赂已经获得了资格，但也有部分企业因为政府的要求而放弃了投资计划。B 作为该项目的负责人，同意了当地政府的要求。
社会舆论大	若所有其他计划进入该国的外资企业都因为要提供贿赂而取消了计划。B 作为项目负责人，同意了当地政府的要求。

表 3－3 对情景二的分析主要包括两个方面：一是观察企业人（包括高管和员工）的综合评价均值；二是重点比对企业高管的决策情况，因为跨国的海外业务决策者一般为企业的高管。此时，被调查者应该关注情景二设定的几个参考条件，首先情景二为被动行贿，为目标投资国政府索贿；其次情景二中涉及了同行业标准的考量，起到参考系的作用。被调查者的决策压力主要体现在社会舆论的大小上，其既要考虑母国的法律和行业规则，同时要面临企业海外拓展业务的完成。

表 3－4　情景二描述统计分析表

情景二		总体均值 N＝441	男性高管 N＝24	女性高管 N＝8
社会舆论小	伦理认知	2.95	2.83	3.50
	伦理判断	2.71	2.42	2.50
	伦理意图	3.02	3.08	3.50
社会舆论大	伦理认知	2.39	1.75	3.25
	伦理判断	2.21	1.67	3.00
	伦理意图	2.35	2.25	3.00

从表3－4可知，情景二的整体观测值反映被调查者的选择明显高于情景一的观察值，情景二的总体均值为2.95、2.71、3.02、2.39、2.21、2.35，情景一的总体均值为2.89、2.94、2.77、1.67、1.80、1.74。研究分析，之所以会产生这样的情况是因为情景设定变化的原因。情景一涉及的是涉及个人利益的伦理决策行为，而情景二则不同，反映的是组织利益的伦理决策行为，被调查者的观测视角发生了变化。这说明当个人所处的立场发生变化时，其决策行为也会发生变化。也许某人在社会生活中是好儿子、好父亲、好朋友，但是作为企业中的一员，其往往会因为组织利益而忽视对利益相关者的影响。因为他们在现实生活中遵守的道德准则和在组织中所遵守的道德准则是不同的，他们会运用在组织中习得的方式去对待面临的伦理问题，并且在很多情景下其按照组织的原则来看待事物，而并没有认识到此时面对的是伦理问题。

通过对总体均值的观察研究，发现道德强度的社会舆论维度对个人的伦理决策行为仍然起作用。当同行业中部分外资公司已经向当地政府行贿，如果跟随社会舆论小时，三个测度的均值分别为2.95、2.71、3.02，当同行业中其他的外资公司都决定放弃计划，如果坚持行贿社会舆论大时，三个测度的均值分别为2.39、2.21、2.35。另外，情景二设定的海外业务拓展企业高管的决策行为尤其需要重视。本研究将问卷中的高层管理者筛选出来，按男女分别进行了均值的对比，发现男性高层管理者对情景二设定问题的抉择要比女性高层管理者更为谨慎。

通过表3－4可知，无论是在社会舆论小还是大的条件下，女性高层管理者的决策均值皆大于3，都倾向于向海外政府行贿的行为。而这恰恰与情景一中女性比男性更为道德的判断相反，所以女性比男性更为道德的命题只是在部分场景中得到证明，在不同场景中命题的结论是多元的，并不统一。可见在企业伦理决策行为中，女性作为高层领导者同样面临经营绩效的压力，这种压力可能比男性管理者更大，而使其更容易产生不符合伦理的决策行为。

（三）情景三：隐瞒产品缺陷

情景三就设定了销售员向顾客隐瞒产品缺陷的场景。意在考察被观察者对这一场景的总体认识和判断，以及在不同可能性的条件下被观测者的选择是否相同。

有缺陷的产品设计是导致很多灾难性悲剧发生的主要原因，例如，福特公司的 Pinto 车案例和“挑战者”号航天飞机失事就是因为产品设计存在问题而造成悲剧的两个典型事例①。

表 3－5　伦理剧本情景三

情景三	C 是一家汽车 4S 店的销售经理。他发现以前销售的一款紧凑型城市越野车存在安全隐患，因为有一批次的转向节原材料未能符合全球执行的材料强度标准。在城市中以低于 80 公里/小时的时速行驶就不会发生问题，但如果在高速公路超过 80 公里/小时行驶就会发生危险。
可能性小	C 的用户大多数为在城市中代步使用，引发问题的可能性比较小。C 没有把产品的缺陷告知客户。
可能性大	如果 C 的用户大多数是户外运动爱好者，引发问题的可能性较大。C 仍然没有告知客户呢？

---

① Smith N. C. and J. A. Quelch, *Ethics in Marketing. Homewood*, IL: IRWIN, 1993, p. 283.

产品安全无疑是重要的。但是，由于技术和成本的限制，想要使某些产品达到绝对安全是不容易实现的。产品安全事实上是厂商能向消费者承诺的一个合理期望值，并且这个期望值也必须能被消费者所接受。也就是说，消费者应该对所购买商品的基本性能具有知情权。通过合理的预期来决定是否购买，如果销售人员因为某种目的而隐瞒产品的缺陷就构成了欺诈。因为企业的销售人员有着天然的优势了解产品的性能，而消费者因为对技术和设计不了解，往往只能通过销售人员的介绍获得产品的信息。

从表 3 -6 可知，被观测者对情景三销售隐瞒汽车缺陷的整体评价趋于一致，认为该行为为伦理问题，不能被接受。在事件发生可能性小的情况下均值为 2.05、2.08、2.13，可能性大的情况下均值为 1.37、1.45、1.48。道德强度的可能性大小对个体伦理决策行为的影响也得到解释和说明。另外，本研究细分了管理者和普通员工对情景三的判断数值，发现无论是管理者还是普通员工均对这一行为表现了一致的判断标准。说明企业人越来越重视产品质量的竞争能力、消费者为导向的服务意识和诚信经营的重要意义。

表 3 -6　情景三描述统计分析表

情景三		总体均值 N =441	管理者 N =201	普通员工 N =240
可能性小	伦理认知	2.05	2.13	1.94
	伦理判断	2.08	2.13	2.01
	伦理意图	2.13	2.15	2.10
可能性大	伦理认知	1.37	1.32	1.43
	伦理判断	1.45	1.41	1.49
	伦理意图	1.48	1.44	1.54

（四）对企业人伦理决策行为的综合评价

通过对商业贿赂、跨国经营腐败、隐瞒产品缺陷三个场景的设定及考量，从分析的综合结果来看，被观测者认定商业贿赂和隐瞒产品缺陷这两个情景为伦理问题，选择趋向符合伦理的决策行为。但是在跨国经营腐败这一项中，整体的均值都高于其他两个场景，部分高层管理者（尤其是女性管理者）的决策趋向于不符合伦理的决策行为。这说明当个人决策上升到组织视域时，企业人的决策评判标准就会发生转向，"个人决策偏好会向组织决策偏好转移"这一论断与史蒂文森的论断相符。[①]另外，女性管理者比男性管理者更为道德的论断在情景二中并未得到证实。

二、企业决策的伦理分析

部分企业人会提出疑问，为什么商业贿赂、跨国经营腐败、隐瞒产品缺陷会是伦理问题而需要进行价值判断、遵循伦理标准呢？因而，有必要以贿赂和产品安全两个重要的议题进行伦理分析，以此来证明在企业经营过程中伦理决策行为存在的必要性。

（一）对贿赂的伦理分析

商业贿赂历史悠久，形式纷繁复杂。在有些国家，商业贿

---

① 史蒂文森：《事实与价值》英文版，第 55 页；转引自万俊仁：《现代西方伦理学史》上卷，北京大学出版社 1990 年版，第 465 页。

赂问题也相对突出甚至成为商业惯例，被隐晦地称为“标准商业的传统做法”（卢勤忠，2011）。在商业经营活动中，一些场景可能是司空见惯的，销售员为了达成交易，将自己的提成暗中分给交易对象；采购经理私下索取回扣；供应商为进入大型超市缴纳“上架费”等。按照《关于禁止商业贿赂行为的暂行规定》第二款，商业贿赂是“指经营者为销售或购买商品而采取财务或者其他手段贿赂对方单位或者个人的行为”①。

首先，要关注需要伦理分析的内容及其影响。针对情景二，企业高管们采用的是一种以自利为导向的行为方法。更明确地讲就是，管理者十分在意失去合同将造成的负面影响，公司的财务有可能陷入困境。但是管理者们忽视的是贿赂行为带来的损害，包括对整体商业体系的损害，对公平竞争的理念的损害，对机会均等的前提的损害，对其他同行业公司及员工的损害，以及对政府官员诚实形象的损害。贿赂降低了市场经济的效率，令资源与货物的分配不合理，造成第三方成本被迫提高。而且，因为这种不合法的费用无法入账，这将导致新的腐败产生。

其次，要探寻商业贿赂产生的动因。虽然商业贿赂具有全球性与普遍性特征，但商业贿赂的对象主要还是发展中国家的官员。竞争环境不完善以及监管的缺失对商业贿赂是一种变相激励。在有些行业，特别是权利集中和垄断性行业，由于市场竞争的公平性难以保证，提升产品质量或服务所需的成本远大于贿赂所需的成本。通过贿赂获得商业利益，比通过价格、质量或服务竞争更容易达到目的。这样一来，将使厂商更愿意在

① 国家工商行政管理局：《关于禁止商业贿赂行为的暂行规定》，1996 年 11 月。

商业贿赂方面展开不公平竞争。逆向选择的结果是市场上越来越多地充斥着价格昂贵、质量低下的产品服务，其原因是商业贿赂的成本又被重新计入产品和服务的价格中。[①]

另外，组织价值观和个体道德水平的改变是潜移默化的，即便是有着良好企业文化和悠久传统的组织也必须不断强化原有的价值观并加强对其雇员的监控。“人情往来”和“礼物”几乎是日常生活和商业活动必需的润滑剂，商业贿赂和商业惯例之间的界限并不清晰。谨慎处理贿赂和商业惯例是职业经理人必须考虑的问题。当然以社会文化差异为商业贿赂辩护是危险的，如果“人情往来”和“礼物”仅是情感的维系和表达则无可厚非，但是这种“礼物”是为了某种商业的目的，则会引起社会的公愤甚至法律的制裁。

最后，商业贿赂违反公平正义的最高原则，在大多数国家和地区被视为不道德行为而遭到禁止和打击，但商业贿赂仍然被一些企业及管理者视为不可或缺的竞争手段。从我国的实践来看，尽管刑法修正案已经将海外贿赂入罪，但很多海外销售人员依然认为在欧美成熟市场上或许不用贿赂，但在一些独裁或贿赂盛行的国家，放弃这一手段就意味着无法进入市场；有时候企业可能在与当地伙伴合作的过程中，不知不觉卷入贿赂行为中。有些经理人认为这样的类似“白手套”的交易是两全其美的，但是这种想法非常的危险。以下两个案例可以佐证：

◎ 案例1：葛兰素史克行贿案

葛兰素史克案大事记：GSKCI 中国公司高管指认，该公司

---

① Stevenson W. H. S. , Some Econmic Consequences of Commercial Bribery, *Harvard Business Review*, 2008, 1 (29), pp. 156 – 169.

从2009年伊始，调整了销售策略，涉嫌用金钱贿赂开路，增加销售额。据调查，GSKCI将成本仅10多元的药品，在中国卖出10倍以上的价格，实现了数以亿计的销售额。部分涉案GSKCI高管进行了深入的反省和悔过。他们承认，这样的商业贿赂行为最终使广大使用药品的病人成为了受害者。与此同时，也给中国政府和中国国内的药企造成了重大的损失。

2013年6月28日长沙警方表示葛兰素史克有高管涉嫌经济犯罪而被当地公安机关调查。7月11日公安部网站发布消息，葛兰素史克部分高管在华行贿被立案侦查。7月23日葛兰素史克称在华公司的部分高管可能会通过逃避公司流程和监管进行不当操作触犯中国法律。7月29日报道称有18名与葛兰素史克在华贿赂案相关的人员被拘捕。10月25日葛兰素史克公布了2013第三季度财报，数据显示公司在中国的药品销售额大幅下跌61%。2014年9月19日，长沙市中级人民法院对此案进行了审讯，并当场宣判，以对非国家工作人员行贿罪判处GSKCI罚金人民币30亿元。这是迄今为止中国开出最大罚单。涉事的前高管马克锐等被告被判有期徒刑二到四年。（资料来源：根据涂重航：《葛兰素史克15元药品来华卖207元 三成药费行贿》，载《新京报》2014年5月15日，整理而来）

◎ 案例2：朗讯（中国）“洋贿赂”事件

2004年，美国时间4月6日，美国电信设备制造龙头朗讯公司向美国证监会正式提交了一份文件。文件的内容中自己揭发了其在2000—2003年间为达商业目的先后向中国政府官员行贿的内幕，并且在文件中指出，由于存在涉嫌《海外反腐败法》的内部管理重大失误，其将解除中国区现任的CEO及相关高管。

朗讯为何会自揭其内幕呢？2003 年，沙特 Silki-La-Silki 国家电信公司向美国纽约联邦政府法院递交了起诉书，指控朗讯在 1995—2002 年对沙特高官的贿赂行为。在美国证监会和司法部的强力推动下，朗讯开始了全球性的内部审计工作。这便是朗讯自己揭发自己的直接诱因。2007 年，朗讯以支付 250 万美金的罚款结束了这场官司。这一切并没有结束。2006—2008 年间，中国政府发布了若干关于治理商业贿赂工作意见，为维护市场经济的公平竞争秩序，加大惩处力度。2014 年伊始，反腐倡廉更加成为中国政府的第一要务。（资料来源：根据周祖城：《企业伦理精品案例》，《朗讯（中国）“洋贿赂”事件》整理而来）

世界银行定期发布因涉嫌商业欺诈和贿赂而在一定时间内禁止承接其项目的黑名单中，就有如中冶集团、地质工程公司、路桥工程公司、建筑工程总公司等企业上榜。中国企业在反商业欺诈和商业贿赂方面无论从认知到沟通都与国际惯例还存在差距。观察《美国海外反贿赂法》通过后对美国企业国际竞争力的影响，也许可以作为经验借鉴。美国在 1977 年通过海外反贿赂法后，对美国产品的出口并未形成负面影响。一些美国学者如 Graha、Gillespie 等人的研究都证明了这一点。事实上，严厉打击海外腐败，被看做是保障美国竞争力的重要法律基础。OECD（经济合作与发展组织）反贿赂公约的签署，也证实了反贿赂与本国竞争力保护之间的内在联系。

（二）对产品安全的伦理分析

产品安全（product safety）指与使用产品相关的风险程度。因为事实上使用任何产品都涉及一定程度的风险，所以安全问题本质上是风险可接受水平和已知水平的问题。也就是说，如果产品伴随的风险已知，并且购买者鉴于从使用产品中获得的预期收益，判断该风险为“可接受的”或“合理的”，那么该产品就是安全的。这暗示着，如果销售者提供的产品只包含他们已经告知的风险，那他们就遵守了自己部分的资源与协议，购买者带着那个理解购买了产品。

因此，产品销售者有道德义务保证，使用产品涉及的风险不超过销售者向购买者明确描述的那些风险，或销售者在营销风险广为人知的产品时，暗示性描述那些风险。比如情景三，汽车销售员就应该告知顾客，转向节装置的缺陷。避免消费者在不知情的情况下，在高速公路驾驶汽车造成转向节断裂等危险系数的增加。并且该汽车厂商应该及时召回存在安全隐患的车辆，进行返厂维修。简而言之，销售者有义务保证提供产品的风险水平不应超过其明确或暗示性的说明，消费者应在自愿和知情的情况下约定承担的风险。

消费者需要合理地考虑风险，必须必备下面四个条件①：

第一，消费者必须知道自己购买产品可能存在的危险。正如人们有权利不被伤害一样，当他们处于受伤害的危险中时，同样有权利知晓这种情况的存在。所以，产品的制造商有义务告知消费者使用该产品时可能遭受的危险。

第二，如果要消费者合理地估计风险，他们除了必须知道自己正处于风险之中外，还要知道他们所面临的风险的性质和来源。如果风险来源于一个产品，他们必须知道风险在什么条

---

① 周祖城编著：《企业伦理学》，清华大学出版社 2009 年版，第 107 页。

件下出现。没有这些信息，他们就不知道如何评估风险以及是否愿意去冒这个险。

第三，为了评估风险，使用者不仅需要知道风险有多大，而且要知道如何减少或避免风险。如果一个消费者买了标明最高时速为100公里的轮胎，速度越高爆胎的几率就越大。当消费者知道有风险，并知道如何对付它，比如说时速低于100公里行驶，那么消费者的购买行为就是合理的。如果消费者没有被告知潜在的危险，就是在消费者不知如何规避风险的条件下将其置于风险之下，这就等于把消费者置于受伤害的危险之中。

第四，为了合理评估风险，消费者需要知道可以采用什么替代方法。那些希望避免乘飞机风险的人知道替代办法可以是乘火车、汽车、轮船等交通工具。通过购买保险来减轻风险的后果；通过购买一辆安全性能高的车辆，来减轻驾驶安全性能不好的汽车的危险。

◎ 案例3：全球汽车大规模召回盘点品牌形象受损

据德国媒体报道，在通用宣布召回260万辆汽车之后，丰田宣布在全球范围内召回总计约680万辆汽车，宝马也进行了大规模紧急召回。一时间，各大车企似乎患上了“召回焦虑症”，因为质量问题导致的大规模召回不仅让车企们损失数以十亿计的美元，也给自身品牌形象带来了难以估量的伤害。

2014年4月：丰田召回680万辆汽车。在2014年4月份，因为座椅导轨、转向器固定支架以及气囊排线等存在故障隐患，丰田从全球共召回680万辆汽车，总共涉及27款车型。这次召回涉及规模如此之大，是因为多年来丰田执行部件通用化策略，虽然这有利于降低研发和生产成本，但当其中某一部分出问题时，波及范围也将迅速扩大。

2014 年 3 月：通用召回 260 万辆汽车。因为点火开关的故障，通用汽车在全球范围内共召回了 260 万辆车，不得不付出极为高昂的代价。今年第一季度通用汽车总共增加了 13 亿美元的特别支出。其中用于召回的维修费用达到 7.5 亿美元。

在这次召回事件中，通用损失的可不仅是召回成本。据悉，这次导致至少 13 人身亡的点火开关隐患在 10 年前就被发现，涉嫌隐瞒产品缺陷的通用还拖延答复美国交通安全署（NHTSA）的质询，被课以每天 7000 美元的罚单。此外，出于对通用前景以及可能面临巨额处罚的担心，通用股价自年初以来下降约 20%，成为美国大公司中表现最差的股票之一。

2013 年 11 月：大众召回 260 万辆汽车。在去年 11 月份，由于 DSG 使用的合成油可能引起变速器内部供电线路故障等问题引发安全事故，大众共召回了 260 万辆车。这成为大众历史上规模最大的召回事件之一。其原因主要有两个，一是大众 DSG 变速箱技术不够成熟、供应商少，导致一款车变速箱用于很多车型；第二则是与大众近年来销量迅速上涨有关。（资料来源：《凤凰汽车》作者：海梓：《全球汽车大规模召回盘点品牌形象受损》，2014 年 05 月 15 日，http：//auto. ifeng. com/ haiwai/ 20140515/1014208_ 2. shtml）

企业与消费者之间的关系本质上是一种契约关系，这种契约关系创造了企业对消费者的道德责任。① 根据契约论的观点，

---

① Garrett Thomas. and Klonoski R. J. , *Business ethics*, 2nd ed. Englewood Cliffs, NJ：Prentice-Hall, 1986, p. 88.

消费者购买商品时，自动与企业签订了“销售契约”。企业在自愿且知情的情况下，同意给予消费者具有某些特点的产品；此外，消费者在自愿且知情的情况下，同意向企业支付一笔费用以购买产品。鉴于自愿签订的协议，企业随后有义务提供具备那些特点的产品，消费者有相应的权利获得具有那些特点的产品。这些产品应该具有可靠性、可维修性和安全性。除此之外，企业应该具有信息公开的义务、避免歪曲欺骗消费者的义务、避免使用压力强迫消费者理性购买商品的义务。①

三、道德强度对伦理决策过程的影响

综观三个情景企业中个人的决策行为，在不同道德强度的情况下会倾向于作出不同的选择。个人对于伦理问题强度的感知增加了他对伦理问题的洞察力，反过来降低了他从事不道德行为的意图。② 这说明道德问题本身就是企业伦理决策的影响因素，这也与 Jones 模型结论一致。

在伦理决策过程中，第一步是要认识到，面对一个伦理问题，作为个人或工作团体必须从数个行动中做出选择，最终由企业内外的各种利益相关者评价其好坏，伦理问题的强度跟决策者感觉到的重要性有关。伦理问题的强度（ehtical issue inten-

---

① Hicks, Lawrence E. , *Coping with Packaging Laws*, New York: AMACOM, 1973, 2 (1), p. 17.

② Singhapakdi, Anusorn. , Vitell, Scott J. and Franke, Gerorge R. , Antecedents, Consequences, and Mediating Eeffects of Perceived Moral Intensity and Personal Moral Philosophies, *Journal of the Academy of Marketing Science*, 1999, 27, p. 19.

sity）可以定义为，在个人、工作团队和组织看来，某伦理问题的相关程度或重要程度。道德强度（moral intensity）与个人感知到的社会压力以及决策对别人造成的伤害有关。Jones 认为伦理决策不只是个人决策，也是组织内社会学习的决定。他提出道德强度对伦理决策各阶段都有影响，道德强度包含六个维度，结果大小、社会舆论、结果发生的可能性、后果的直接性、与受害者的关系和后果的集中度。

1. 结果大小（magnitude of consequence）：某种行为的受害者或受益者受到多大程度的伤害或得到多少利益？在 Jones 的道德问题权变模型中会设定一个涉及伦理困境的场景，给定两个不同的条件让被调查者选择，区分结果大小不同时个人选择的差异。反映的结果程度越大时，道德强度越强。例如在判定商业贿赂时接受钻石戒指的影响就远大于接受一个笔记本。Fritzsche and Becker（1983）的实证研究指出：伦理问题的道德强度越强，人们就越不会做出不符合伦理的行为。

另外，研究也发现管理者在面对伦理决策困境时，行为的结果大小程度与伦理决策行为之间有相当程度的正相关系，也与伦理决策过程的三个阶段相关。①

2. 社会舆论（social consensus）：多少舆论或参照对象认为这种行为是恶的或善的？在这一维度中影响个人和组织伦理决策的因素可能是行业规定、同行业其他企业的决策行为及法律规定等。Laczniak and Inderrieden（1987）认为，在这一情景实验中，被调研者反对违法行为要比反对不符合伦理但不违法的

---

① Weber J.，*Managers Moral Reasoning*：*Assessing Their Rresponses to Three Moral Dilemmas*. Human Relations，1990，43（7），pp. 687 – 702.

行为比例高得多。也就是说，在社会舆论或社会共识这一项中，企业更多的考量是法律因素。

3. 结果发生的可能性（probability of effect）：行为实际发生和将会引起可预见的危害或利益的可能性有多大？例如签订交货订单时90%可能无法完成的风险要远大于1%可能无法完成的风险。说明90%无法完成订单的可能性将导致更严重的结果。

4. 后果的直接性（temporal immediacy）：该行为和行为结果之间的时间跨度，当时间跨度越小时，产生行为结果就越快，道德强度越强；当时间跨度越大时，产生行为结果越慢，道德强度越小。一项决策如果有利于短期获利而不利于企业长远发展，这时更会引起企业的悖德冲动。

5. 与受害者的关系（proximity）：一个人觉得在社会、心理或物质上与该行为的受害者或受益者有多接近？研究表明：受益者或受害者是亲人或朋友会影响伦理决策和公平的选择（Singer，1998）。

6. 后果的集中度（concentration of effect）：行为伤害或受益大小影响有关人员的总体程度。受影响的人员总量越多，表明集中度越低，道德强度越弱。例如拒绝10名要求每人得到1万美元担保金的政策，比拒绝1万名要求每人得到10美元担保金的政策，影响更为集中。

Ford 和 Richardson（1994）、Loe et al（2000）、Michael J. O'Fallon 和 Kenneth D. Butterfield（2005）的三篇综述。针对1994年之前、1996年之前及1996—2003年西方企业伦理决策实证文献进程作为分析，也被中国学者大量借鉴引用。这三篇综述从研究文献的数量上讲，1996—2003年间发表的实证伦理决策研究论文总量比1994年之前近40年的文章还要多，这说明了本领域的研究越来越受到学界的重视，更说明了伦理对企业决策的重大作用。另外，从研究内容上来看，因变量多以 Rest（1986）模型中伦理决策过程中伦理认知、伦理判断、伦理意图、伦理行为四个步骤为主，自变量则多为讨论企业伦理决策过程的影响因素。

在 Loe et al 总结的 1996 年之前的实证文献中，只有两篇涉及到了道德强度。但是在 1996—2003 年之间，Michael J. O' Fallon et al 总结有 32 篇文献以企业伦理决策过程为因变量，道德强度为自变量进行实证分析，除 Marshall 和 Dewe（1997）外，其余检验道德强度六个维度或某个维度相关性的实证研究表明，道德强度至少和伦理决策过程的一个阶段有关。通过这三篇综述文献来看，Jones（1991）提出的六个维度中，结果大小、社会舆论、结果发生的可能性这三项对伦理决策影响的结果比较稳定。本文认为，虽然道德强度是企业伦理决策研究的一个相对较新的研究对象，但对道德强度对企业伦理决策过程有重要影响的观点的认同度却较高。因此，提出道德强度的结果大小、社会舆论、结果发生的可能性这三个维度对企业伦理决策过程的三个阶段均产生重要影响。

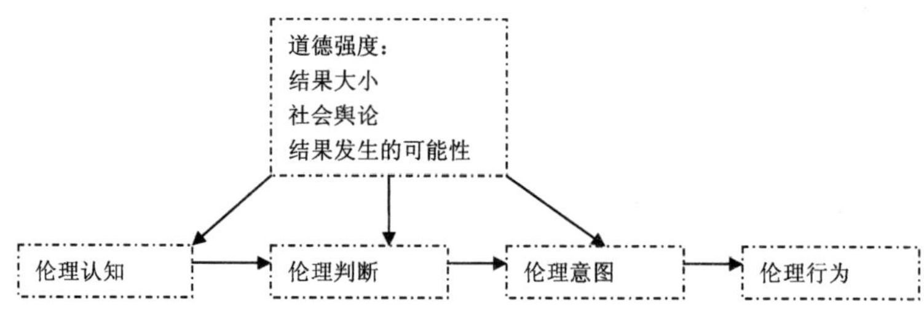

图 3－1　道德强度对伦理决策过程的影响

第二节　企业人道德认知发展阶段的判定

一、个人道德认知发展阶段理论定位与情景设定

道德认知是指“人们对客观存在的道德现象、行为准则及其意义的主观反映。它是人们在与其他道德角色和社会道德生活现象接触、交往的过程中，通过对其他道德角色或道德生活现象外部特征的知觉，判断其他道德角色的动机、兴趣、个性和心理状态以及道德生活现象的是非、善恶、美丑等状态，从而形成人们对于各种社会道德生活现象的认识、印象、评价和理解”①。大多数人相信，随着时间流逝，人们知识增加，社会化程度益深，每个人都会经历道德发展的不同阶段。许多开发出来解释、预测并控制个人在商业组织中伦理行为的模型提出，道德认知是伦理决策的要素之一。

个体差异基础上的伦理判断和行为最好的解释来自劳伦斯·科尔伯格（Lawrence Kohlberg）的道德认知研究。当人们做出伦理行为时，他们必须决定什么行动在伦理上是正确的，而且他们必须选择伦理上正确的方式。Kohlberg 的道德认知理论是个人道德发展阶段判断的理论，主要关注的是人们如何决定什么样的行动在伦理上是正确的。他的研究始于对 10—16 岁的 58 个美国男孩的跟踪调查。他在 12 年间，每 3 年访谈他们一次，询问他们对于假定的伦理困境的开放式问题，对他们的回答进行分析，从而对道德认知如何从孩童阶段中逐渐过渡到成人阶

① 汪才明：《论道德认知》，载《滁州师专学报》2003 年第 4 期。

段有了新的解释。虽然，科尔伯格的理论不是为商业背景设计的，但对企业中的伦理决策问题提供了新的研究视角。

表 3-7 Kohlberg 的道德认知发展水平

水平	阶段
前习惯水平	
一个人只关心他自己眼前的利益，只有外部的惩罚或获奖励才对他的行为起作用。	1. 惩罚与服从阶段 2. 个人工具性目的与交换阶段
习惯水平	
人们认为，正确等价于符合更大社会或某重要参照群体优良行为的期望。	3. 相互的人际关系、期望与一致阶段 4. 社会体制、良心维持阶段
原则水平	
人们的视线超越了规范、法律、群体或个人权威。人们制定伦理决策将无视外部的压力。	5. 优先权利、社会契约或效用阶段 6. 普世伦理原则阶段

资料来源：Kohlberg, L., *Essays on Moral Development*, *The Psychology of Moral Development*, S. F.: Harper and Row, 1984, 2.

根据 Kohlberg 的道德认知发展理论，在相同的伦理情景下，不同的人做出的决策不同，因为他们处于不同的道德认知发展阶段。Kohlberg 将个人的道德认知发展划分为三个水平，三个水平又细分为六个阶段：

（一）前习惯水平：处在这一道德认知水平的人只关心他自己眼前的利益，只有外部的惩罚或获奖励才对他的行为起作用。

第一阶段，惩罚与服从阶段。处在这一阶段的人认为，对规则和权威的直接服从就是正确的。谁的实际权力大，这一阶段的人就会响应这个人所定义的“正确”或“错误”的规则和标签。正确和错误不跟更为高级的秩序和哲学有关，只跟谁有权利相关。情景一中的采购人员如果处于第一阶段，他就会把拒绝销售人员的礼物归结为企业的准则，该准则认定接受礼物为不道德；当然他也可能接受礼物，如果他相信不会被抓住也不会被处罚。

第二阶段，个人工具性目的与交换阶段。第二阶段的人认为，能满足自己的需要就是正确的。这一阶段的人不再仅仅依赖具体规则或权威人物来做伦理决策，而是看某行为对他是否公平。也有些学者将这一阶段称作互惠阶段，从现实的角度看，伦理决策是基于“你对我好，我也对你好”这样的约定，而这样的约定与忠诚、感恩、公正不是一回事。

（二）习惯水平：处在这一道德认知水平的人认为，正确等价于符合更大社会或某重要参照群体优良行为的期望。

第三阶段，相互的人际关系、期望与一致阶段。处于第三阶段的人更在乎别人而非自己。虽然伦理动力还是来自对规则的服从，但此时考虑的却是他人的福利。处于这一阶段的人可能会遵守更高管理层的命令，加速装配线，如果他相信这样做可以为企业带来更多利润并保住员工的工作。因此，第三阶段和第二阶段的区别就在于，第三阶段将对他人是否公平当成自己的伦理动力之一。

第四阶段，社会体制良心维持阶段。处在第四阶段的人，会考虑他对社会的责任，而不是对某具体的人。责任、尊重权威、维持社会秩序成为重点。例如，如果某些经理人认为，保护隐私是履行对社会的责任，他们就不会窃听员工的电话内容。

（三）原则水平：处在这一道德认知水平的人们，视线超越了规范、法律、群体或个人权威。人们制定伦理决策将无视外部的压力。

第五阶段，优先权利、社会契约或效用阶段。处在第五阶段的人关注的是捍卫基本权利、价值观和社会的法律契约。这一阶段的人有种责任感或承诺，一种对其他群体的“社会契约”，会认识到在某些情况下法律和道德有可能会相互冲突，这时，在这一阶段的人会对所有效用进行理性的计算，然后再做决定。企业的管理者可能会设立伦理项目，因为这样能为法律问题提供缓冲，企业也会被看作是对社会负责任的贡献者。

第六阶段，普世伦理原则阶段。第六阶段的人相信，正确性由普世的道德原则决定，人人都应该遵守。存在不可剥夺的权利，其本质与结果都具有普适性。公正、平等都是被认为具有普世性的原则。这一阶段的人更关心社会伦理问题，不会依赖商业组织获得伦理指导。例如，一个处于本阶段的经理人会请求中断某产品，因其存在缺陷会导致使用者的死亡。生命权是不可剥夺的，包括企业利润也能成为继续销售该产品的理由。

Kohlberg 的研究表明，多数成年人的道德认知发展处在第四阶段。在商业领域中，企业员工解决伦理问题的决策动机往往混杂着无私和自私自利。他指出，人们在形成期过后，决策的优先顺序仍会改变。时间、教育和阅历都会改变人们的价值观和伦理行为。在商业的背景下，个人的道德认知发展会受到企业文化，尤其是伦理培训的影响。

在判定个人道德认知发展阶段的研究中通用的道德两难的情景故事有“阿曼达偷药”、“伊芙丽的困惑”、“贫困的山庄”等，为了与前人的研究进行同质性和差异性的分析，本文沿用了“阿曼达偷药”这一案例。值得说明的是，在以往的分析中研究人员只注重的 DIT 的分值，而忽略了个人对道德困境的理解和选择。所以，本文将对这一部分做专门的解释和说明。目的是诠释伦理决策的复杂性和可能的原因。

表 3－8　个人道德认知发展阶段情景

阿曼达的丈夫得了种怪病，生命岌岌可危。只有城里的海顿医师研发的一种特效药可以治疗这种病。海顿研发了药品之后并没有推广，只是自己少量的生产和销售。这种药的成本只有三万元，但是他却标价三十万元销售。阿曼达的家庭并不富有，在竭尽全力的拼凑下，也只有十五万元。阿曼达为了救自己的丈夫就去恳求海顿，希望先付十五万元，剩余的钱可以分期来付清。但是海顿拒绝了阿曼达的请求，明确表示他是为了赚钱才研制的药品。阿曼达看着丈夫痛苦的样子，在脑海中兴起了去偷药的念头。
阿曼达应该偷药吗？（选定一个答案并打上√，） 应该偷药________　　不能决定________　　不应该偷药________

经过统计，在 441 人中有 37.5% 的被调查企业人选择了应该偷药；27.3% 的被调查企业人选择了不确定；35.2% 的被调查企业人选择了不应该偷药。有 62.5% 的被调查者处在不确定和反对阿曼达的偷药行为。这个结果表明，大部分被调查的企业人面临伦理困境时伦理问题判断标准的差异，以及个人道德认知发展阶段的不同。这就引起了本研究的追问，被调查者进行道德判断时遵循的伦理原则是什么？案例呈现的伦理困境到底应该如何选择？这就要求我们运用企业伦理学理论回顾原文进行伦理分析。

二、企业人道德发展阶段的伦理分析

根据“阿曼达偷药”的情景，我们认为按道德观点判断其行为的合理性就要根据 Kohlberg 的个人道德认知发展理论进行分析。

大多数选择不应该偷药的被调查者，基本上是从法律的视角来判断的。如果现行的法律认定这一行为违法，那么阿曼达就必须为此付出代价。如果被调查者认为付出这样的代价不值得，那么他们就会判定阿曼达偷药的行为是不应该的。因此持这种观点的被调查者可能处在个人道德认知发展的第二层次，他们是从“他者”的视角进行道德判断。另外，做出这一判断的被调查者也可能在个人道德认知发展的第一层次，在这一层次人们是从“自利”的视角在分析问题。

那么人们为什么会判定阿曼达应该偷药呢？从问卷的备选项来看，认为应该偷药的被调查者往往从这样几个方面思考这一道德难题：人与人之间的交往应该以什么价值观为基础；在此种情况下，法律是否考虑到社会每个人的基本利益；药剂师海顿躲在只保护富人的毫无价值的法律背后是否正当；在如案例的情况下，海顿研制的药品对社会是否利大于弊？

首先，按照人道主义伦理学的观点，生命原则是任何道德或人性的基业经验的起点。因为药剂师的贪婪，阿曼达无法筹齐高额的药费，这样她的丈夫就只能面对死亡，这是不人道的。人与人之间的交往必须建立在对生命的敬畏基础之上。其次，法律存在的意义是维护正义和公平。如果法律只保护少数权贵阶层，而忽视大多数人的基本利益，那么法律就失去了它存在的意义。最后，在此种情况下，治病救人是医生的天职和使命，药剂师以药物牟利的行为就一定会使世人公愤。因此，37.5%的被调查企业人认为阿曼达偷药的行为是合理的。

这个情景不由得让我们思考企业在经营过程中所出现的类似伦理困境，企业的首要任务是自身牟利，还是满足社会的需要，两者能否共存。通过下面的案例也许可以使面对伦理困境的企业决策者们找到答案。

美国的默克公司是一家世界500强企业。从1979—1985年，耗时7年研发了一种专治河盲症的特效药，并将这些药免费的捐赠给世界卫生组织，发放给第三世界国家的患者。时任主席的罗伊·魏格洛斯认为，当公司发现了一种将人折磨的发疯的病痛时，唯一符合伦理的决策就是去研发这种药，而不是考虑这种药品研发后能否赚钱。魏格洛斯从公司的长远发展出发，制定公司的长期战略。管理层已经意识到，这种符合伦理的决策行为就是长期战略的优势来源。

三、企业人的道德认知发展阶段对伦理决策过程的影响

由默克公司的例子我们可以得出，企业人的道德认知发展阶段与伦理决策密切相关，并且伦理决策也是企业长期战略优势的来源。个人道德认知发展理论一度被认为非常重要。在道德认知发展水平与伦理决策之间的关系的研究中，研究结论并不统一，即有可能是积极的，也有可能是消极的。

但Trevino（1986）认为，道德认知发展水平与伦理决策密切相关。她认为，不同的个体受组织影响的程度是不同的。处于较高水平的个体可以较少的受外界因素的影响和约束，而处于较低水平的个体则会在更大程度上受到组织因素的影响。Sandra E. ford Mobley（2002），Pamela K. Smith Evans（2004），Mark J. Shank（2005）三篇博士论文研究得出道德认知发展水平与伦理决策行为显著相关，而且发现处于较低道德认知发展水平的决策者可能会赞同不符合伦理的行为。

在 Ford 和 Richardson（1994）、Loe et al（2000）、Michael J. O'Fallon 和 Kenneth D. Butterfield（2005）的三篇综述中，以企业伦理决策过程为因变量，个人道德认知发展阶段为自变量的文献共有 29 篇。1994 年之前，Ford 和 Richardson 的综述中未发现此类文献；在 1994—1996 年之间，Loe et al 的综述中有关此变量的文献有 6 篇；在 1996—2000 年之间，有 23 篇相关的文献，其中 4 篇没有显著发现，另外 19 篇研究均证明道德认知发展影响企业伦理决策过程，学者们大都认为道德认知发展和伦理决策正相关。因此，本研究假设个人道德认知发展阶段对企业伦理决策过程三个阶段有显著预测作用。

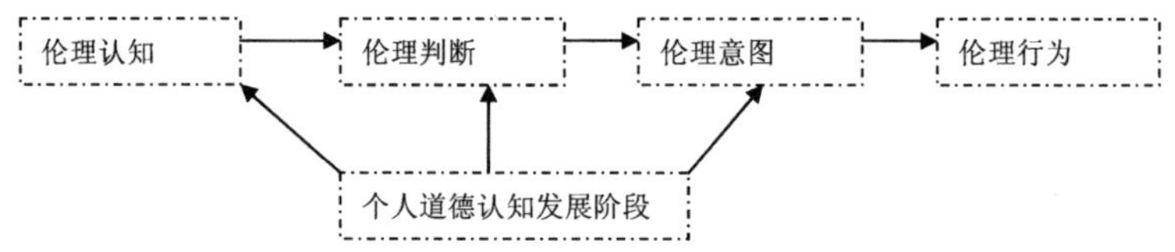

图 3－2　个人道德认知发展阶段对伦理决策过程的影响

第三节　企业伦理氛围的考察

企业中个人的伦理决策行为始终不能脱离企业环境本身而独立存在，对企业伦理氛围的考察实质上是组织伦理氛围理论在企业中的应用和实践的过程。其主要的研究内容就是组织伦理氛围对组织成员伦理决策行为的影响。

组织氛围（organizational climate）一直是企业伦理学、组织行为学和应用心理学的研究对象，研究者主要通过对组织氛围的有效探究，分析哪种类型的行为有利于个人目标和组织目标的同时成功实现。决策者对组织氛围的了解很可能影响个人的或组织的伦理决策行为，但是从组织氛围的整体特征来解析决策行为的效度往往较低。因而，20 世纪末期，组织氛围的研究由整体性的探讨转向特定的研究类型，比如组织中的工作氛围、服务氛围和伦理氛围等。而组织伦理氛围作为组织氛围的一种成为企业伦理学的重点研究对象之一。

一、组织伦理氛围的基本定义与类型

B. 维克多和 B. A. 卡伦（Victor & Cullen）在 1987 年首先提出了组织伦理氛围（organizational ethical climate）这一概念，并将其归纳为组织氛围范畴中，开创了组织伦理氛围理论的先河。他们认为该理论是组织处理伦理问题的特征，也是组织成员在什么是符合伦理的行为和应该如何处理伦理问题两方面形成的共同感知①。根据 Parker（2003）的观点，组织气氛（organizational climate）类似于人的“品格”，是组织成员对组织内部特征的整体感知，亦是一个组织区别于另一组织的相对稳定的内部环境特征。② 大部分学者认为，组织伦理氛围是对组织内部占主导地位的伦理特征的描述，而不是用来测量组织伦理水平的

---

① Victor B.，Cullen J. B.，A theory and measure of ethical climate in organizations，*Research in Corporate Social Performance and Policy*，1987，9（2），pp. 51 – 71.

② Parker C. P.，Baltes B. B. and Young，S. A.，et al. Relationships between psychological climate perceptions and work outcomes：ametaanalytic review. *Journal of Organizational Behavior*，2003，24（4），pp. 389 – 416.

高低①。

Victor 和 Cullen（1987）提出了一系列伦理氛围，并将它们描述为工作氛围的一个层面。他们认为组织的伦理氛围影响着组织考虑何为伦理分歧、如何解决这些分歧以及这些解决方式的性质。他们以伦理标准为横坐标，分析层次为纵坐标。其中伦理标准分为利己主义、功利主义和义务论三类，分析层次由个体到组织，最后到世界（整个人类、动物界、生态系统乃至未来的人类）。这种层次的划分方式以科尔伯格的道德认知发展阶段理论为基础，他将个人的道德认知发展分为三个阶段，从指思考自身利益到考虑他者和组织的利益，最后发展到关注整个世界的利益。这样通过两个部分的交互影响，Victor 和 Cullen 推导出 9 种组织伦理氛围类型。

表 3－9 组织伦理气氛的基本定义

作者	基本定义
Wimbush & Shepard（1994）	组织伦理气氛是组织成员对伦理问题进行伦理判断的认知，它非个人的情感和态度，而是组织成员的共同感知和体悟，是组织及其成员伦理决策行为的重要影响因素。从伦理视角看，它属于伦理行为的规范结构②。

① 吴红梅：《西方组织伦理氛围研究探析》，载《外国经济与管理》2005 年第 9 期。

② Wimbush J. C. , Shepard J. M. , Toward an understanding of ethical climate: its relationship to ethical behavior and supervisor influence. *Journal of Business Ethics*, 1994, 13（8）, pp. 637－647.

续表

作者	基本定义
Falkenberg & Herremans（1995）	组织伦理气氛是组织及个人伦理决策依据的非正式的系统，他们认为非正式系统的影响力在某些情况下比正式系统的影响力更大①。
Malloy & Agawal（2002）	组织伦理氛围是组织成员对伦理行为标准的内心感知，它使组织成员厘清组织价值观和使命，并在此基础上确定自身的伦理决策行为，并且能够为行为的结果负责②。

根据上述理论研究结果，Victor 和 Cullen（1988）开发了组织伦理气氛调查问卷（ethical climate questionnaire ECQ），用以了解组织成员对于组织特定伦理气氛的认知状况。③ 他们对来自企业的 822 名员工进行了实证研究，通过因子分析验证 9 种组织伦理氛围类型除效率外都通过检验。并且这 8 种类型可以归类为五种组织伦理氛围，即自利导向（instrumentalism oriented）、关怀导向（caring oriented）、独立导向（independence oriented）、规则导向（rule oriented）以及法律与规则导向（law and code oriented）。

---

① Falkenberg L.，Herremans I.，Ethical behaviors in organizations: directed by the formal or informal systems? *Journal of Business Ethics*，1995，14（6），pp. 133 – 143.

② Malloy D. C.，Agarwal J.，*Ethical climate in nonprofit organizations: propositions and implications.* Nonprofit Management & Leadership，2002，12（1），pp. 39 – 54.

③ Victor B.，Cullen J. B.，The organizational bases of ethical work climates. *Administrative Science Quarterly*，1988，33（1），pp. 101 – 125.

表 3－10 理论上推导的九种组织伦理氛围类型

		分析层次		
		个人	组织	世界
伦理标准	利己主义	自利 （自利导向）	公司利润 （自利导向）	效率
	功利主义	友谊 （关怀导向）	团队利益 （关怀导向）	社会责任
	义务论	个人道德 （独立导向）	规范和程序 （规则导向）	法律和规则 （法律和法规导向）

在自利导向的组织伦理氛围中，组织成员面对伦理问题进行伦理决策时，首先想到的是维护自身的利益。因而其做出的决策往往是有利于自己的，虽然在主观上其并不想伤害别人，但决策的结果往往以牺牲他人的利益来实现。在独立导向的组织伦理氛围中，组织成员将按照个人道德标准进行决策，很少受到组织的制约。在关怀为导向的组织伦理氛围中，管理者会树立一个关系融洽、和谐的组织环境。关怀型组织不意味着放任式管理，其同样要处理个体之间的利益冲突问题。在这样的环境中，组织成员进行伦理决策时不仅会考虑组织内部的利益相关者，更会考虑对组织外部利益相关者的影响，希望能够平衡各方面的利益。以规则为导向的组织伦理氛围中，组织成员制定任何决策都要严格按照组织的规章制度来办，只有按命令执行的任务才可能获得组织的认可。

组织伦理氛围具有塑造、引导员工行为的功能。一个企业中可以有一种以上的伦理气氛，不同地区的机构或位于组织的不同位置的机构都会有不同的伦理氛围。组织机构中的伦理氛围对决策者考虑商业伦理问题的方法都会有很大的影响。

组织伦理气氛的形成取决于组织成员是否认知了组织内部的伦理特性的统一性，这种认知又将影响组织成员的决策行为；管理者可以将组织伦理氛围的塑造视为组织内部的管理工具，通过在不同阶段不断地检测来塑造符合组织需要的伦理氛围；通过这种对伦理气氛动态性的认知来实现组织伦理气氛与管理决策活动的联结。①

二、以往研究对组织伦理氛围的测量

组织伦理氛围的概念被提出后，就立即引起了企业伦理研究者的关注。从20世纪90年代起，有关该领域的实证研究文献就大量发表在 *Journal of Business Ethics*、*Business Ethics*、*Organization Dynamics* 等相关杂志上。组织伦理气氛包括两个层面的内容，即组织伦理气氛的类型和测量。在以企业为测量对象的研究中发现，组织或群体中可能会存在一种特定的伦理气氛为主导、多种其他类型的伦理气氛并存的情况。因而，员工的伦理决策或行为是多种组织伦理气氛共同作用的结果。不同类型的组织伦理气氛存在强度上的区别，强弱的程度是决定其能够在多大程度上影响员工行为的重要标志。

Victor 和 Cullen 开发的组织伦理氛围问卷被很多研究者使用并表现出较好的信度和效度。研究者们将他们设计的问卷应用到不同文化背景的国家、不同行业的组织中，问卷的稳定性得到了充分的证明。值得说明的是，不同的研究者在指标的使用

① 祝木伟：《组织伦理化管理理论与方法研究》，南京理工大学博士学位论文，2007年，第55页。

上并不统一，有人使用36个指标版本的问卷，有人使用26个版本的问卷，也有的研究者从中挑选了一些指标编制自己的问卷。从研究的结果来看，首先，组织伦理氛围的类型并不是固定的，一般在4—7个之间，其中自利导向、关怀导向和规则导向始终得到了验证。其次，组织层次上的伦理氛围在实证研究中表现得很不稳定。

表3－11　组织伦理氛围的主要结构维度

Victor &Cullen 1988	Cullen 等，1993	Vaicys 等，1996	Winbus 等，1997	Trevino 等，1998	Agarwal &Malloy 1999	Fritzsche 2000	Brower &Shrader 2000
自利	自利	自利	自利	自利	自利	自利	自利＋公司利润
/	/	/	公司利润	公司利润	公司利润	公司利润	/
/	效率	效率	/	效率	/	/	/
关怀＋团队利益	关怀＋团队利益	关怀＋团队利益	关怀＋团队利益	关怀	关怀＋团队利益	关怀＋团队利益	关怀＋团队利益
/	社会责任	社会责任	社会责任	社会责任	社会责任	/	/
个人道德	个人道德	个人道德	/	/	个人道德	/	/
组织规则	组织规则	组织规则＋法律	组织规则	组织规则	组织规则	组织规则	组织规则
法律	法律	/	/	/	法律	法律	法律
五维结构	七维结构	六维结构	五维结构	六维结构	七维结构	五维结构	四维结构

资料来源：作者根据刘文彬（2009）、杨继平、李波（2008）的研究文献整理而成。

在大多数文献中，组织伦理氛围作为影响组织成员行为的影响因素出现。组织成员的伦理决策行为离不开组织环境的影响，组织伦理氛围便是影响因素之一。研究发现，不同类型的组织伦理氛围对组织成员产生不同的影响，越是消极的组织伦理氛围越容易促使组织成员实施败德行为；反之，越积极的组织伦理氛围越容易促使组织成员实施道德行为。在自我利益至上突出的组织伦理氛围里，组织成员越倾向于做出不道德的决策行为；在缺少关怀的组织伦理氛围里，组织成员可能具有较少的工作积极性和成就感，离职率会比较高；自利型的组织伦理氛围会鼓励组织成员从事欺诈等不道德的决策行为；基于规则导向的组织伦理氛围则与不道德行为负相关。

三、组织伦理氛围理论在企业中的应用

三维结构量表的由来：其中自利导向的组织伦理气氛主要参照了 Victor 和 Cullen 以及 Elm 和 Nichols① 的实证研究成果，采用 6 个项目进行测量，例如“我们公司里，员工普遍把保护自己的个人利益看得很重要”、“我们公司认为只有损害公司利益的事才是违规的”，等等。关怀导向的组织伦理气氛依旧参照了 Victor 和 Cullen 以及 Elm 和 Nichols 的实证研究成果，采用 5 个项目进行测量，例如“我们公司里，员工可以为了整体利益而牺牲自我”、“公司希望员工做有利于大众的事情”，等等。而规则导向的组织伦理气氛参照 Victor 和 Cullen 的主要研究成果，采

---

① Elm D. R., Nichols M. L., An investigation of the moral reasoning of managers. *Journal of Business Ethics*, 1993, 12 (11), pp. 817 – 833.

用4个项目进行测量，例如“在我们公司，遵守规章制度非常重要”、“我们公司里，员工普遍都严格遵守规章制度”，等等。

表3－12 企业伦理氛围调查的描述统计量

	N	均值	标准差		N	均值	标准差
X1	441	2.36	1.362	X9	441	3.29	1.138
X2	441	1.92	1.087	X10	441	3.56	1.283
X3	441	2.26	1.292	X11	441	4.07	1.085
X4	441	1.87	1.150	X12	441	4.20	1.060
X5	441	2.06	1.262	X13	441	4.00	1.010
X6	441	2.11	1.267	X14	441	3.43	1.271
X7	441	3.89	1.203	X15	441	4.32	1.041
X8	441	3.01	1.235	有效的N	441		

综合以往的研究成果，组织伦理氛围理论的自利导向、关怀导向、规则导向均对组织成员的伦理决策行为有预测作用。也就是说，不同类型的组织伦理氛围可能对组织的伦理决策行为产生不同的影响。那么，企业管理者若想规避企业伦理风险，就可以通过考察企业中伦理氛围的类型来推测成员可能做出的决策行为。这也正是组织伦理氛围对组织成员行为影响研究的重要管理实践意义所在。对组织伦理氛围类型的测量，并不是为了说明哪种氛围的类型更为道德，而是分析组织伦理氛围类型对组织成员行为的影响，即何种类型有利于产生合乎伦理的决策行为。

表3－12是针对26家被调研企业的伦理氛围类型分析。通过数据均值和标准差的观察可知，该调研中的企业伦理氛围以规则导向为主、兼有关怀导向和自利导向并存。可见，在一个组织中可能存在以一种特定的伦理气氛为主导、多种其他类型

的伦理气氛并存的情况。并且，特定类型的组织伦理气氛的形成取决于组织成员是否对组织内部伦理特征具有相对一致的感知，而这种感知的一致性程度的高低又会影响到组织伦理气氛本身的强弱。所以，组织伦理气氛和个体伦理意识一样，也有类型和强弱之分，且组织成员对什么是伦理行为和什么是非伦理行为的判断也会受到组织伦理气氛类型及其强弱的影响。因此，本研究提出假设组织伦理氛围的三个导向可能影响企业伦理决策的三个过程。

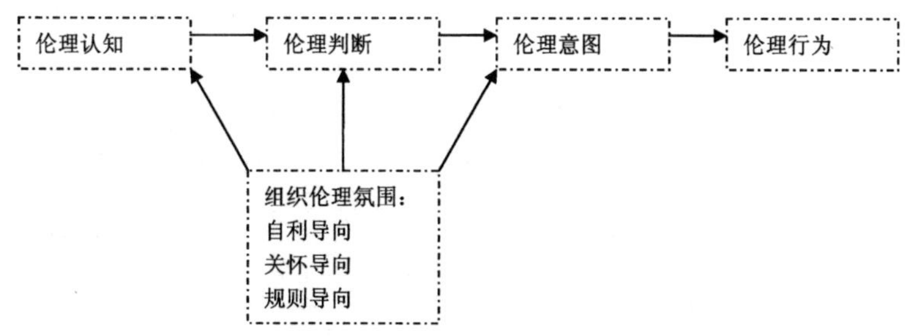

图 3－3　组织伦理氛围对伦理决策过程的影响

第四章
中国企业伦理决策过程及影响因素的实证研究

本章的主要内容是论证第三章所提出的假设。首先，测量企业伦理决策的过程及企业伦理决策三阶段之间的关系，通过企业成员的问卷调查印证伦理决策过程理论在企业中存在的可能；其次，测量企业伦理决策和三个主要影响因素的关系，包括企业面对伦理问题的道德强度、决策者个人的道德发展阶段及所在企业的伦理氛围与企业伦理决策三阶段的关系。最后根据实证的结果解释和预测企业伦理决策过程及其主要的影响因素的关系。

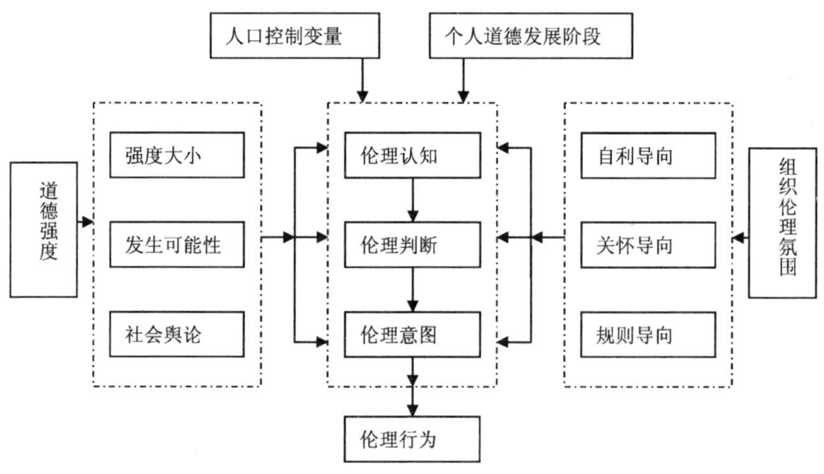

图 4－1　中国企业伦理决策过程及影响因素的实证研究模型

本研究的实证数据主要通过问卷调研的方式获得，与以往问卷调研方式不同的是本研究未采用网络在线调研平台。对于企业伦理决策研究，被测试对象必须为企业人。网络平台虽然可以扩大样本的数量，但是却无法保证样本的质量，可能降低实证数据的可信度。故而本研究问卷的发放均通过委托中间人进行电子版问卷的发放。委托的中间人均为本人的朋友或校友（MBA；EMBA），且均在企业工作或有多年的企业工作经历。从节约成本和环保的理念出发，此类问卷大部分通过网络回收，为了减轻被测试者的思想负担增强实证数据的可信度，问卷采取了不记名的形式。样本包括广东（5 家企业的 107 份问卷）；广西（6 家企业的 100 份问卷）；湖北（4 家企业的 83 份问卷）；湖南（2 家企业的 33 份问卷）；山西（1 家企业的 20 份问卷）；北京（1 家企业的 21 份问卷）；上海（1 家企业的 25 份问卷）；重庆（1 家企业的 24 份问卷）；辽宁（6 家企业的 187 份问卷）9 地 27 家企业的 600 份问卷[①]。下图 4－1 详细描述了有效样本

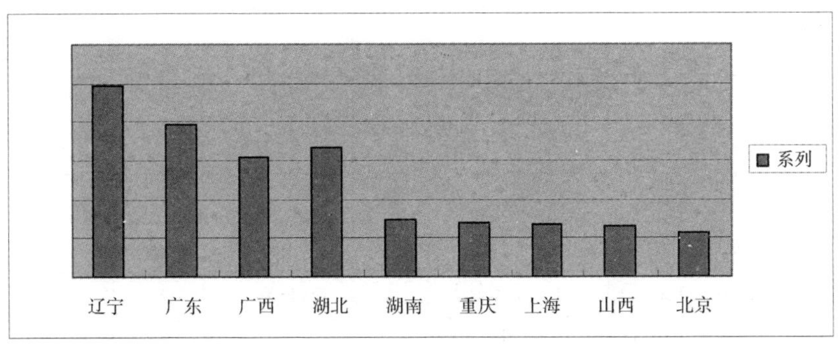

图 4－2　企业分布省市基本特征（N＝441）

---

① 回收的 600 份问卷中，有 364 份电子版，236 份纸质版。电子版均打为压缩包发至指定电子邮箱，纸质版则通过快递到付的方式寄送至指定地址。

的基本省市分布特征。

问卷于2013年12月20日发放，回收的截止日期为2014年3月20日。虽然后续仍有几份问卷寄回，但已超过了截止日期，故未纳入本研究的数据范畴。经过仔细的研判，剔除应答问题项严重缺失和雷同（雷同问卷只保留1份）的问卷51份，以及不符合DIT、ECQ等标准化问卷要求的问卷108份。本次研究共得到有效问卷441份，有效回收率为73.5%。

表4-1 有效研究样本的基本特征分布（N=441）

变量	样本特征	样本数	百分比	变量	样本特征	样本数	百分比
性别	女	234	53.0%	年龄	30岁及以下	181	41.0%
	男	207	47.0%		30岁以上	260	59.0%
学历	本科以下	128	29.0%	工龄	1—5年	128	29.0%
	本科	238	54.0%		6—10年	238	54.0%
	硕士及以上	75	17.0%		10年以上	75	17.0%
职务	高层	32	7.3%	地域	辽宁	99	22.4%
	中层	68	15.2%		广东	79	17.9%
	基层	101	23.0%		广西	62	14.0%
	员工	240	54.5%		湖北	67	15.2%
企业	100人以下	176	39.9%		湖南	30	6.8%
规模	100—500人	128	29.0%		重庆	28	6.5%
	500—1000人	49	11.1%		山西	26	5.9%
	1000—2000人	21	4.7%		上海	27	6.1%
	2000人以上	67	15.2%		北京	23	5.2%

第一节　变量设计与研究假设

在上一章中本研究分别从企业伦理决策行为的现状、企业人道德发展阶段、企业伦理氛围三个方面进行了现实考察，在考察中本研究提出了四个假设，包括企业伦理决策过程三个阶段的关系；道德强度对伦理决策过程的影响；企业人的道德认知发展阶段对伦理决策过程的影响；组织伦理氛围对企业伦理决策过程的影响。本节是对上述假设的回顾和详解。

一、企业伦理决策过程各阶段的关系

Rest将伦理决策作为决策中一种特殊的形式划分为四个阶段：伦理认知、伦理判断、伦理意图、伦理行为。大部分学者均认可企业伦理决策过程理论，对企业伦理决策理论的研究也往往从这里开始（Ferrell-Gresham，Trevino，Hunt-Vitell，Rest，Dubinsky-Loken，Jones）。Singhapakdi、Vitell、Franke（1999）的研究表明人们越是认为某伦理问题重要，就越不可能采取有争议或不道德的行为。在ProQuest博硕论文数据库中共有三篇博士论文论证了道德强度对伦理决策的重要作用Mobbs（2001）；Mencl（2004）；Roy（2009），可见道德强度作为企业伦理决策的影响因素已被学界认可。本研究主要应用了Singhapakdi et al（1999）的测量量表，从其中抽取三个不同的情景，分别按照伦理认知、伦理判断、伦理意图三个过程进行提问，从而判断三者之间的关系。

目前，国内对伦理决策过程的研究多采用这一量表，大量

研究表明三者存在显著的相关性。叶文琴（2004）结合西方伦理决策的若干研究成果，将企业伦理决策的过程界定为伦理认知、伦理判断、伦理意图三个部分。并以复旦、浙大两所院校的工商管理进修班的学员为研究样本，通过实证研究分析了三部分的关系。研究表明，伦理认知、伦理判断、伦理意图构成企业伦理决策过程是可行的、正确的。[①] 浙江工商大学洪科芳（2010）的《伦理决策过程及其影响因素研究》、张丽娅（2012）的《个人道德认知发展和文化价值取向对管理者伦理决策的影响研究》。两篇论文以浙江杭州的若干企业为调研对象对伦理决策过程三阶段的关系进行了实证研究，研究表明三者之间两两显著正相关，其结果也支持 Rest 的假设。根据以往的研究，我们提出以下假设：

1.1 伦理决策过程各阶段之间显著正相关。即当面临伦理问题时，伦理认知与伦理判断之间具有显著相关；伦理判断与伦理意向之间显著相关；伦理认知与伦理意向之间显著相关；伦理判断在伦理认知与伦理意向之间起到中介作用。

二、道德强度与企业伦理决策过程

在对企业伦理决策的研究中，研究者们越来越重视伦理问题本身对企业伦理决策的影响。道德强度（ethical intensity）就

---

① 叶文琴：《企业伦理决策过程的构成要素及其相互关系模型与实证》，载《软科学》2004 年第 4 期。

是指一种情景中所包含的道德问题的紧迫程度。在伦理决策过程中，第一步是要认识到，面对一个道德问题，作为个人或集体必须从数个行动方案中做出选择，最终由企业内外的各种利益相关者评价其好坏。伦理问题的强度跟决策者感觉到的重要性有关。个人对于问题道德强度的感知增加了他对伦理问题的洞察力，反过来降低了他从事不道德行为的意图。道德强度与个人感知到的社会舆论压力以及决策对人造成伤害的可能性大小有关。发现可能遇到的伦理问题和风险，是让员工学会做出伦理决策的重要一步。研究发现，对于伦理问题重要性的认知度会相当程度上影响员工的伦理判断和行为意图。换句话说，人们越是认为某伦理行为重要，就越是不可能采取有争议或不道德的行动。因此，在伦理决策影响因素的研究中，道德强度应被看作一个关键因素。

Morris and McDonald（1995）用三个情景测量道德强度的六个维度，研究发现，道德强度的程度不同时，其作用的效果也是不同的。当六个维度作为整体测量时，其对伦理决策行为产生显著的影响。但如果六个维度作为单独的变量进行测试，只有结果大小、社会舆论对伦理决策行为产生影响；效应可能性、时间即刻性和亲密性只在一个情境中有显著作用；效应集中性在三个情境中都与伦理决策行为没有关系①。除此之外，从 Ford 和 Richardson（1994）、Loe et al（2000）、Michael J. O'Fallon 和 Kenneth D. Butterfield（2005）的三篇综述来看，Jones（1991）

① Morris S. A. & McDonalds R. A.，The role of moral intensity in moral judgment S：an empirical investigation. *Journal of Business Ethics*，1995；14（9）：715－726.

提出的六个维度中，结果大小、社会舆论、结果发生的可能性这三项对伦理决策影响的结果比较稳定（Mobbs，2001；Mencl，2004；Roy，2009）。本文认为，虽然道德强度是企业伦理决策研究的一个相对较新的研究对象，但对道德强度对企业伦理决策过程有重要影响的观点的认同度却较高。因此，本研究选取了道德强度的结果大小、社会舆论、结果发生的可能性这三个维度作为影响企业伦理决策过程的三个阶段的重要因素。

（一）结果大小对企业伦理决策过程三阶段的影响

结果大小指某种行为的受害者或受益者受到多大程度的伤害或得到多少利益？在 Jones 的道德问题权变模型中会设定一个涉及伦理困境的场景，给定两个不同的条件让被调查者选择，区分结果大小不同时个人选择的差异。反映的结果程度越大时，道德强度越强。例如，在判定商业贿赂时接受钻石戒指的影响就远大于接受一个笔记本。另外，研究也发现管理者在面对伦理决策困境时，行为的结果大小程度与伦理决策行为之间有相当程度的正相关，也与伦理决策过程的三个阶段相关。[①] 我们提出以下假设：

> 2.1　结果大小对企业伦理决策各阶段产生显著影响。即结果大小会显著影响伦理认知；结果大小会显著影响伦理判断；结果大小会显著影响伦理意图。

---

① Weber J.，*Managers Moral Reasoning*：*Assessing Their Rresponses to Three Moral Dilemmas*. Human Relations，1990，43（7），pp. 687 – 702.

（二）社会舆论对企业伦理决策过程三阶段的影响

社会舆论就是多少舆论或参照对象认为这种行为是恶的或善的？在这一维度中影响个人和组织伦理决策的因素可能是行业规定、同行业其他企业的决策行为及法律规定等。Laczniak & Inderrieden（1987）认为，在这一情景实验中，被调研者反对违法行为要比反对不符合伦理但不违法的行为比例高得多。也就是说，在社会舆论或社会共识这一项中，企业更多的考量是法律因素。Jones & Huber（1992）、Morris & McDonald（1995）分别就道德强度的六个维度与伦理判断的关系进行了实证研究，研究结果发现只有社会舆论具有明显的预测性。因此，我们提出假设：

2.2　社会舆论对企业伦理决策各阶段产生显著影响。即社会舆论会显著影响伦理认知；社会舆论会显著影响伦理判断；社会舆论会显著影响伦理意图。

（三）结果发生的可能性对企业伦理决策过程三阶段的影响

结果发生的可能性就是行为实际发生和将会引起可预见的危害或利益的可能性有多大？例如签订交货订单时90%可能无法完成的风险要远大于1%可能无法完成的风险。说明90%无法完成订单的可能性将导致更严重的结果。那么在决策者感知到道德强度增加时，就会趋向于符合伦理的行为。研究表明，可能性大小对伦理决策过程三阶段的影响并不稳定，但其至少与其中一个阶段有影响（Morris & McDonald，1995，Singhapakdi et al.，1996）。故而，我们提出假设：

2.3 可能性大小对企业伦理决策各阶段产生显著影响。即可能性大小会显著影响伦理认知；可能性大小会显著影响伦理判断；可能性大小会显著影响伦理意图。

三、个人道德认知发展阶段与企业伦理决策过程

劳伦斯·科尔伯格（Lawrence Kohlberg）的道德认知研究认为，当人们做出伦理行为时，他们必须决定什么行动在伦理上是正确的，而且他们必须选择伦理上正确的方式。Kohlberg 的道德认知理论是个人道德发展阶段判断的理论，主要关注的是人们如何决定什么样的行动在伦理上是正确的。他的研究始于对10—16 岁的 58 个美国男孩的跟踪调查。他在 12 年间，每 3 年访谈他们一次，询问他们对于假定的伦理困境的开放式问题，对他们的回答进行分析，从而对道德认知如何从孩童阶段中逐渐过渡到成人阶段有了新的解释。

Kohlberg 的理论被成功运用于商业环境中成年人的研究，道德认知发展理论常用的研究方法和研究材料是道德两难情境故事。在每一种情境之下都涉及上述道德价值观念的两难问题。对问题的回答没有统一的答案，也无所谓对与错，但可以根据对问题的不同回答判断个体道德发展所处的阶段和成熟的水平，从而预测个人在遇到伦理问题时可能采取的决策行为。

在道德认知发展水平与伦理决策之间的关系的研究中，Sandra E. ford Mobley（2002），Pamela K. Smith Evans（2004），Mark J. Shank（2005）三篇博士论文研究得出道德认知发展水

平与伦理决策行为显著相关，并且发现处于较低道德认知发展水平的决策者可能会认可道德可疑行为，而处于较高道德认知发展水平的决策者可能否定可疑道德行为。洪科芳（2010）、张丽娅（2012）的研究表明个人道德认知发展对组织成员伦理决策的影响有显著预测作用。这些研究都表明个人道德认知发展水平与伦理决策之间具有相关性，但也有部分学者认为道德认知发展对伦理决策行为有消极影响。因此，本研究提出假设：

3.1 个人道德认知发展阶段对伦理决策过程三个阶段有显著预测作用。即个人道德认知发展阶段对伦理认知有显著预测作用；个人道德认知发展阶段对伦理判断有显著预测作用；个人道德认知发展阶段对伦理意图有显著预测作用。

四、组织伦理氛围与企业伦理决策过程

社会控制理论（social control theory）将影响个人在组织中决策行为差异的因素归为两个方面：内部控制因素和外部控制因素。内部控制因素主要指个人将其在社会中所习得的群体规范累积内化，用以指导和约束自身的行为，个人道德认知发展阶段就可以看做个人约束自身行为的内部控制因素；外部控制因素则是组织成员的行为通过各种外在力量进行调整和修正的过程。[①] 在企业中，管理者更加重视的是后者的建立和实施，前

---

① Hollinger R. C. and Clark J. P. , Formal and informal social controls of employee deviance. *Sociological quarterly*, 1982, 23 (3), pp. 333 – 343.

者主要在招聘时作为主要参考项提出。外部控制因素可以区分为正式控制和非正式控制两种。正式控制强调组织权威，依靠管理规章、制度、过程及政策对员工的工作情况进行监督和纠正。非正式控制中员工的行为靠共同的价值观、规范、传统、仪式、信念及其他组织文化方面的东西来调节。正式控制在企业中的作用是毋庸置疑的。但事实上，许多组织并不是单纯依靠正式控制一种方法设计控制系统，非正式组织控制也同样具有重要意义。因为正式的组织控制往往很难内化成为组织成员的内部控制因素，非正式的组织控制则更利于这种内部控制因素形式的转化，从而促进个人或组织符合伦理的决策行为。Falkerberg&Weaver 研究了正式系统和非正式系统对组织道德的作用，他们发现正式系统对道德行为的影响更大；与此同时，他们也承认正式的政策和程序在指导个人行为中的重要作用。①

20 世纪 90 年代，协和控制（concertive control）作为继科层控制后最有效的组织控制方式越来越受到管理学界的重视。Peter&Waterman（1982）出版了 *In Search of excellence：Lessons From America's Best-Run Companies* 主要诠释追求卓越的美国优秀企业管理圣经，并突出价值驱动、尊重员工、贴近顾客、崇尚行动、自主创新的重要作用。Collins（1994，2001）的 *Built to Last*，*Good to Great* 两本书也意在指出价值观驱动管理的重要性，他认为高瞻远瞩的公司能够从繁琐的做法和商业谋略中分离出他们永恒不变的核心价值观和经久不衰的使命。Barker（1993）

---

① Falkerberg L. and Weaver M.，Ethical Behavious in Organization：Directed by the Formal or Informal Systems? *Journal of Business Ethics*，1995，14（2），pp. 133 – 143.

指出，协和控制不是让管理者对员工进行官僚控制，而是让员工通过自愿的方式决定适当的和期望的行为及衡量方法，来更好地达成自我和组织的目标。这个过程会逐渐达成共识，形成共同的价值观，依靠这种共同的价值观对员工进行控制是更容易让员工接受的。正是这种以价值观为基础的协和控制理论的出现，让我们意识到了组织文化在组织非正式控制中的重要作用。①

随着科技和教育的进步，现代企业员工的受教育程度越来越高，更加地追求自主性，单一的科层制管理不利于员工激励和目标的促进。为了避免正式控制的后摄性和回应性缺陷，解决组织所面临的伦理问题，运用文化的弹性和潜移默化的特性增强员工自主的参与性就显得尤为重要。组织伦理氛围是组织成员对伦理行为标准的内心感知，它使组织成员厘清组织价值观和使命，并在此基础上确定自身的伦理决策行为。作为组织文化中重要组成部分，对组织成员的伦理决策行为也势必会产生影响。也就是说企业伦理氛围作为一种非正式控制将影响企业的伦理决策行为。因此我们认为：不同类型的企业伦理氛围与企业伦理决策过程三阶段之间存在显著的相关关系。

（一）自利型导向的组织伦理氛围对企业伦理决策过程三阶段的影响

在自利导向的组织伦理氛围中，组织成员面对伦理问题进行伦理决策时，首先想到的是维护自身的利益。因而其做出的

---

① Kaplan H. B. , *Self-attitudes and deviant behavior*. Pacific Palisades, CA: Goodyear, 1975.

决策往往是有利于自己的，虽然在主观上其并不想伤害别人，但决策的结果往往以牺牲他人的利益来实现。从社会学习理论看，个人会通过观察他人行为的结果来决定是否跟随他人的行为。也就是说，自利导向的组织成员将以自身的利益决定决策行为，并认为这是符合企业价值观的行为。我国学者刘文彬（2009）通过对中国企业员工的实证研究证明自利导向的组织伦理氛围与员工越轨行为显著正相关。自利型的企业做出的决策行为也不可能会考虑其他利益相关者的利益，此类行为也极有可能是不符合伦理的决策行为。

组织成员如果选择个人利益至上而不是其他利益相关者时，就会产生利益冲突。目前在我国这样的利益冲突最明显的伦理问题就是腐败，国有企业的腐败可以说是最不道德的行为之一。个别国有企业的高层管理者滥用公共资源以“自肥”，不仅降低了经济效益和社会福利，也是社会公平和正义的直接剥夺。因此，我们提出假设：

> 4.1　自利导向的组织伦理氛围对企业伦理决策过程产生显著影响。即自利导向的组织伦理氛围显著影响伦理认知；自利导向的组织伦理氛围显著影响伦理判断；自利导向的组织伦理氛围显著影响伦理意图。

（二）关怀型导向的组织伦理氛围对企业伦理决策过程三阶段的影响

在关怀为导向的组织伦理氛围中，管理者会树立一个关系融洽、和谐的组织环境。在这样的环境中，组织成员进行伦理决策时不仅会考虑组织内部的利益相关者，更会考虑对组织外部利益相关者的影响，希望能够平衡各方面的利益。沟通和交流成为重要的解决问题的范式。这样的范式可以增进组织成员之间的情感，使员工获得内心的满足，有利于个人目标和组织目标的达成。根据社会交换理论和互惠原则，当员工从组织中获得正向的心理体验时，他们就倾向于表现出积极的行为并且抑制自己的消极行为，即有利于企业践行伦理决策行为。

Cullen（2002）的研究证明，当员工感知到关怀导向的组织伦理气氛时就会促使他们和其他员工以及组织之间建立起相应的心理契约，从而提倡团结、合作，从而降低不符合组织规范的行为的出现。[①] 但我国学者刘文彬（2009）的研究表明，员工感知到关怀导向的组织伦理气氛与员工越轨行为并不相关。因此，我们提出假设：

4.2　关怀导向的组织伦理氛围对企业伦理决策过程产生显著影响。即关怀导向的组织伦理氛围显著影响伦理认知；关怀导向的组织伦理氛围显著影响伦理判断；关怀导向的组织伦理氛围显著影响伦理意图。

（三）规则型导向的组织伦理氛围对企业伦理决策过程三阶段的影响

以规则为导向的组织伦理氛围中，组织成员制定任何决策都要严格按照组织的规章制度来办，只有按命令执行的任务才

---

① Cullen J.，Parboteeah K. and Victor B.，The effect of ethical climates on organizational commitment：a two-study analysis. *Journal of Business Ethics*，2002，46（2），pp. 127 – 141.

可能获得组织的认可。个体进入规则导向的组织中，往往只体现了工具性，成员在规则之下行事。但是在交往的规则逐渐处在比较理想的情况下时，成员之间就会形成情感使规则稳定，从而促成企业的伦理决策行为。因此，我们提出假设：

4.3 规则导向的组织伦理氛围对企业伦理决策过程产生显著影响。即规则导向的组织伦理氛围显著影响伦理认知；规则导向的组织伦理氛围显著影响伦理判断；规则导向的组织伦理氛围显著影响伦理意图。

第二节 变量测试与量表检验

一、道德强度三维度的变量测量与量表检验

（一）道德强度三维度的变量测量

上文提到本研究结合 Jones 的伦理问题权变模型及 Singhapakdi et al. （1996）在 DIT 基础上所发展的量表，选取的企业人决策过程中较常出现的伦理困境，设定了商业贿赂、隐瞒产品缺陷、跨国经营腐败的三个场景并进行了道德强度的区分。统计分析工具为 SPSS 18，采用李克特 5 点记分法（1. 不能认同；2. 有点不能；3. 不知可否；4. 一般认同；5. 完全认同）。通过对来自广东、广西、湖南、湖北、北京、上海、重庆、山西、辽宁 9 地 27 家企业的 441 名企业人的问卷调查，从伦理问题的认知、伦理判断、伦理意图三个过程分析企业人伦理决策行为的现状。

（二）道德强度三维度问卷的效度信度分析

目前，我国学者对道德强度三维度问卷的应用已经比较普遍，大多通过翻译—回译的方式使用了 Singhapakdi（1996）开发的量表。早期对伦理决策过程和道德强度对伦理决策过程的影响研究中，该问卷都表现出了良好的信度和效度（叶文琴，2004；洪科芳，2010；王进，2010；张垭丽，2012）。

经检验，道德强度的三个维度测量量表在影响程度小时的 Cronbach's Alpha 信度系数分别为 0.883、0.822 和 0.811；影响程度大时的 Cronbach's Alpha 信度系数分别为 0.841、0.886 和 0.781，系数值都在 0.7 以上，这表明该量表具有较好的内部一致性信度。在效度检验方面，主要观察该量表的 KMO 值。当道德强度的三个维度测量量表在影响程度小时，KMO 值分别为 0.729、0.701 和 0.714；影响程度大时，KMO 分别为 0.725、0.722 和 0.714，KMO 值都在 0.7 以上，这表明该量表具有较好的效度。道德强度的三维度量表在以中国企业为样本的调研中仍然表现出较好的稳定性。

表 4－2　道德强度三维度问卷信度效度分析统计表（N＝441）

道德强度三维度	伦理决策过程阶段	荷重	累计%	信度	KMO
强度小	伦理认知	0.924	81.068	0.883	0.729
	伦理判断	0.875			
	伦理意图	0.901			
社会舆论小	伦理认知	0.889	73.752	0.822	0.701
	伦理判断	0.813			
	伦理意图	0.872			

续表

道德强度三维度	伦理决策过程阶段	荷重	累计%	信度	KMO
可能性小	伦理认知	0.842	72.546	0.811	0.714
	伦理判断	0.851			
	伦理意图	0.862			
强度大	伦理认知	0.881	76.015	0.841	0.725
	伦理判断	0.879			
	伦理意图	0.855			
社会舆论大	伦理认知	0.930	81.476	0.886	0.722
	伦理判断	0.870			
	伦理意图	0.907			
可能性大	伦理认知	0.838	69.679	0.781	0.703
	伦理判断	0.843			
	伦理意图	0.822			

二、个人道德认知发展阶段的测量与量表检验

（一）个人道德认知发展阶段的测量

对于个人道德认知发展阶段的测量，本研究使用了 Kohlberg & Rest（1979）开发的确定问题测定量表（defining issues test, DIT）调查分析。DIT 量表是先将各阶段的典型观点用问题的方式写出来，呈现给参与者，然后让他们对这些观点加以评价，这就是“确定问题测量”。在判定个人道德认知发展阶段的研究中通用的道德两难的情景故事有“阿曼达偷药”、“伊芙丽的困惑”、“贫困的山庄”等，为了与前人的研究进行同质性和差异性的分析，本文沿用了“阿曼达偷药”这一案例。

个人道德认知发展阶段的测量方法：在每个设定的情景后都有12个问题，代表着个人道德认知发展2—6的不同阶段。其中，问题3属于阶段2；问题2、5、11属于阶段3；问题1、6属于阶段4；问题9、10、12属于阶段5；问题8属于阶段6。值得说明的是，在这12个问题中第4、7项属于M题，被Rest定义为无意义项，不代表任何阶段，主要用来考察被调研的企业人是否认真地填写了问卷。

表4-3　个人道德认知发展阶段判定评分表

阿曼达应该偷药吗？（选定一个答案并打上√，）

应该偷药________　　不能决定________　　不应该偷药________

问题	阶段
1. 社会的法律是否要维护？	4
2. 忠诚的妻子为爱护丈夫而去偷药，不是很自然的事吗？	3
3. 为了得到可能会治好丈夫的药，阿曼达愿意冒险，被当作盗贼而遭枪击或坐牢吗？	2
4. 阿曼达是不是一名职业舞蹈演员？或者他在其他职业舞蹈演员中间有很大的影响？	M
5. 阿曼达偷药是为了自己，还是为了帮助别人？	3
6. 医师制造新药的专利权是否应该得到尊重？	4
7. 从社会和个人角度来说，生命的本质是否超越死亡的终止？	M
8. 人与人之间的交往应该以什么价值观为基础？	6
9. 能否让上述医师躲在只保护富人的毫无价值的法律后面？	5
10. 在此种情况下，法律是否考虑到社会中每一个人的基本利益？	5
11. 是否因医师如此贪婪和残忍就应该去偷他的药？	3
12. 在此种情况下，偷药剂师的药对社会是否利大于弊？	5

从上面的问题中，选择4个最重要的问题：（填上项目的序号）

12个问题中，哪个是第一重要的？________4分________

12个问题中，哪个是第二重要的？________3分________

12个问题中，哪个是第三重要的？________2分________

12个问题中，哪个是第四重要的？________1分________

（二）个人道德认知发展阶段的量表检验

确定问题测量要求被测试者完成三项任务：第一，判断任务。通过阅读情景，根据自身的经验判断阿曼达是否应该偷药。第二，评定任务。进行了伦理判断后，就要根据所给的问题项对你的判断所依据伦理原则的重要程度做出评定。DIT 通过李克特 5 点记分法（1. 非常重要；2. 比较重要；3. 一般重要；4. 不太重要；5. 毫不重要）让被测试者根据自己的伦理判断标准对情景后的 12 个问题进行选择。第三，排序任务。在完成评定任务后再从 12 个问题中抽取你个人认为最重要的问题项进行排序。选中道德认知第 5、6 阶段的问题项（8，9，10，12）为有分项。其中如果选中的有原则问题项在“第一重要”类，则计 4 分；这样以此类推，“第二重要”为 3 分；“第三重要”为 2 分；“第四重要”为 1 分。一个故事的的评分指数（P 分）就是 10（4 +3 +2 +1）分，选中阶段 5、6 问题项之和为有原则道德认知阶段的分数。P 分的计算公式为：（阶段 5 得分 + 阶段 6 得分）/10 * 100（因为本研究仅使用了一个场景）。

P 分可代表被测试的企业成员在进行伦理决策时有多大程度运用了道德思维。一般成年人的 P 分值大约在 40 左右，本研究样本的 P 分均值为 38.59，这个结果符合 Rest 的理论推断，也和以往学者的研究结论相符（P =38.611，张垭丽，2012）。从 DIT 的 P 分数与各种行为测量的联系看，大部分实证研究结果显著，P 分值越高的被测试者越容易产生被社会期望的行为。

在问卷调研中常常会出现因为种种原因不认真研读问题项而伪造数据的行为，这样的样本会严重干预研究结果的真实性、可信度，所以必须对所获回收问卷进行筛选。本研究使用了 Rest

的标准检验方法来检查这部分问卷的可信度。

1. DIT 问卷的三个任务逻辑紧密的相扣，我们可以通过检验被测试者在这三个任务中的判断是否保持一致来检验样本的质量。在理论上，如果一位被测试人员在排序任务中选择问题项 8 为“第一重要”，那么在第二步的评定任务中就不应该有其他问题项比它更为重要。因此，在一般情况下问卷中有多项评定任务与排序任务不一致时，则视为问卷无效。在问卷可信度的检验中，通过这一方法我们排除了大部分无效问卷。

2. Rest 在 DIT 中设计了无意义项（M 项），这些项目本身往往很具有迷惑性和吸引力，但事实上如果被测试者仔细阅览了情景案例就会发现，实际上这些项目和情景无关。目前在问卷调研的研究中，研究者们经常使用 M 项作为检查问卷质量的常见方法。如果在问卷者被测试者选择了无意义项作为重要的判断评定标准，则视为被测试者不理解测验项目或随意填写，故问卷作废。

三、组织伦理氛围的测量与量表检验

（一）组织伦理氛围问卷的测量

组织伦理氛围是组织成员态度和行为的特殊表现形式，其应当影响组织成员的决策，尤其是那些涉及伦理问题的决策行为。本研究采用了刘文彬（2009）年所使用的三维结构量表。包括自利导向组织伦理氛围；关怀导向组织伦理氛围及规则导向组织伦理氛围三个维度。其中 1、2、3、4、5、6 项为自利导向组织伦理氛围；7、8、9、10、11 项为关怀导向组织伦理氛围；12、13、14、15 项为规则导向组织伦理氛围。本研究通过问卷调研的方式获得了441份以企业人员为代表的研究样本，经检验各分量表的 Cronbach's Alpha 信度系数分别为0.916、0.867和0.882，这表明其具有较好的内部一致性信度。另外，所有项目的因子载荷均超过0.65，这表明该量表具有较好的聚合效度和区分效度。

因此，在本研究中我们将从自利导向、关怀导向和规则导向三个维度来研究组织伦理气氛。而这种测量标准也与目前我国学者对组织伦理氛围研究的整体态势保持一致，目的是探索在同等的测量标准下，不同测量样本可能导致结果的同质性和差异性的比对。

表4-4 组织伦理氛围测量问卷

	组织伦理氛围测量问卷问题项
自利导向	1. 我们公司里，员工普遍把保护个人利益看得很重要。
	2. 我们公司里，员工总是想从别人身上占点便宜。
	3. 我们公司里，员工个人的道德和价值判断是不被重视的。
	4. 我们公司里，员工普遍认为只要自己的利益不受损，公司利益与我无关。
	5. 我们公司希望员工为了公司的利益做任何事，而不顾后果。
	6. 我们公司认为只有损害公司利益的事才是违规的。
关怀导向	7. 我们公司里，员工之间都彼此互相关照。
	8. 我们公司里，员工可以为了整体利益而牺牲自我。
	9. 我们公司里，员工通常都非常关心同事的利益。
	10. 公司非常关注所有员工的整体利益。
	11. 公司希望员工做有利于大众的事情。
规则导向	12. 我们公司里，遵守规章制度非常重要。
	13. 我们公司里，员工普遍都严格遵守规章制度。
	14. 我们公司里，只有遵守规章制度的员工才能取得职业成功。
	15. 我们公司希望每个员工都能严格遵守规章制度。

（二）组织伦理氛围问卷的信度和效度分析

上述问卷采用了李克特 5 点计分法，1—5 代表完全不认同至完全认同。其中自利导向为反向计分，所以要先将其转换为正向数据，避免在信度和效度检验时不通过检验或出现负数。经检验，总量表和各分量表的 Cronbach's Alpha 信度系数分别为 0.831、0.672、0.725 和 0.743，这表明总量表和分量表内部一致性信度较好，具备可靠性和稳定性，可以用于本次调查研究。

效度分析中的结果效度主要包括判别效度和收敛效度，本研究将通过 SPSS18.0 使用主成分分析法对 15 个测量变量进行因子分析验证。经检验，样本的 KMO 值为 0.836，Bartlett 的球形度检验结果显著（0.000），这就表明非常适合做因子分析。在分析过程中，本研究将删除因子载荷低于 0.5 的测量变量。其中测量项 5 的因子载荷为 0.401，故而将其删除。在进行主成分因子分析时使用特征根大于 1 的最大方差法。表 4－5 为旋转后的因子载荷矩阵，其中自利导向、关怀导向和规则导向三个维度的测量项都在 0.5 以上，问卷的各个测量变量可以被这 3 个因子较好的解释。另外三维量表的累计方差贡献率达到 65.987%，即这 3 个因子能较全面地反映 14 个指标包含的信息。

表 4－5　旋转后因子载荷矩阵

	自利导向	关怀导向	规则导向	特征值	累计%
X1	0.889				
X2	0.696				
X3	0.605			5.396	28.259
X4	0.711				
X6	0.732				

续表

	自利导向	关怀导向	规则导向	特征值	累计%
X7		0. 707		1. 829	40. 279
X8		0. 645			
X9		0. 809			
X10		0. 557			
X11		0. 599			
X12			0. 654	1. 309	65. 987
X13			0. 715		
X14			0. 668		
X15			0. 811		

注：提取方法——主成分分析法。旋转法——具有 Kaiser 标准化的正交旋转法。a. 旋转在 4 次迭代后收敛。

第三节 实证分析

一、企业伦理决策过程及三个阶段之间的关系研究

企业伦理决策过程三个阶段之间关系这部分的数据是经过处理得来的，处理的方法是将三个情景的 6 组数据按伦理认知、伦理判断、伦理意图划分求平均数，这样就会形成 3 组新的数据作为这一部分研究的样本。本研究将运用 Pearson 相关分析及分层回归证明研究假设是否成立。

（一）企业伦理决策过程三阶段的相关分析

由表 4 - 6 可知，伦理认知和伦理判断的相关系数为 0. 735

（P < 0.01）；伦理认知和伦理意图的相关系数为 0.773（P < 0.01）；伦理判断和伦理意图的相关系数为 0.716（P < 0.01），这表明三者显著相关。假设 1.1 中伦理决策过程各阶段之间显著正相关。即当面临伦理问题时，伦理认知与伦理判断之间显著相关；伦理判断与伦理意向之间显著相关；伦理认知与伦理意向之间显著相关得到验证。

表 4-6　企业伦理决策过程三阶段相关分析结果（N=441）

描述性统计量					
	均值	标准差	伦理认知	伦理判断	伦理意图
伦理认知	2.2180	0.76998	1		
伦理判断	2.1994	0.82554	0.735***	1	
伦理意图	2.2498	0.81746	0.773***	0.716***	1

注：表中＊＊＊表示在 0.01 水平（双侧）上显著相关。

（二）企业伦理决策过程三阶段之间的回归分析

为了检验企业伦理决策过程三阶段之间关系的显著性以及伦理判断在伦理认知和伦理意图之间起到预测作用，接下来我们采用了分层回归的方式：首先将伦理认知作为自变量，伦理判断作为因变量建立回归模型 1；然后再将伦理认知作为控制变量、伦理判断作为解释变量，伦理意图作为因变量建立回归模型 2。在这个回归分析的过程中，我们主要观察回归结果的两个方面：第一，因变量的方差变异（R^2）是否因为加入了伦理判断变量而有所变化，且这种变化是否显著；第二，作为自变量的伦理认知、伦理判断在回归方程中标准化回归系数（Beta 值）的符号、大小及其显著性。

表 4－7　企业伦理决策过程三阶段回归模型结果分析表（N＝441）

	伦理判断		伦理意图	
	标准系数	非标准系数	标准系数	非标准系数
第一步				
伦理认知	0.735***	0.686***	0.773***	0.820***
R^2	0.514***		0.597***	
F 值	69.169***		65.762***	
第二步				
伦理认知			0.536***	0.569***
伦理判断			0.321***	0.318***
R^2			0.644***	
$\triangle R^2$			0.047	
F 值			45.064***	

注：表中＊＊＊表示在 0.01 水平（双侧）上显著相关。

在使用层次回归模型时，有必要对各主要变量做多重共线性分析。一般认为，当方差膨胀因子值（VIF）<10，各变量之间就不存在严重的共线性问题（张文，2002；郭志刚，2004）。经检验，回归模型中的方差膨胀因子均小于 3（VIF＝2.117），条件指数均值也在 10 以下，因此可以判断回归模型中不存在严重的多重共线性问题。

根据表 4－7 可知，模型 1 的标准系数为 0.735（P<0.01），这说明伦理认知对伦理判断的影响显著；模型 2 第一步的标准系数为 0.733（P<0.01），这说明伦理认知对伦理意图的影响显著；模型 2 第二步的标准系数为 0.536（P<0.01）、0.321（P<0.01），这说明伦理认知、伦理判断对伦理意图的影响显著。模型 2 中，第一步回归的 R^2 为 0.514（P<0.01），在第二步回归引

入伦理判断后 $\triangle R^2 = 0.047$，这说明伦理判断使解释方差提高了 0.04；而且模型的 F 值检验也都在 $P < 0.01$ 的水平下显著，这说明模型的拟合性较好；在引入伦理判断后模型 2 的标准系数由 0.773 下降到 0.536，这说明伦理判断在伦理认知和伦理意图之间起到了中介作用，假设 1.1 完全得到验证。

二、道德强度的三个维度对企业伦理决策过程的影响研究

道德强度的三个维度对企业伦理决策的影响主要讨论的是伦理问题的程度本身对决策者伦理决策的影响。三个维度指强度大小、社会舆论大小及结构发生可能性大小，在这个部分的研究中我们使用了情景分析的方式，并在此基础上获得了不同条件下的数据样本。这一部分的研究方法是运用 Pearson 相关分析及配对样本的 T 检验来证明研究假设是否成立。

（一）强度大小对企业伦理决策过程三阶段影响的相关分析及 T 检验

1. 不同强度下（强度大或小）伦理决策三阶段相关分析

由表 4－8 可知，在情景强度小时，伦理决策三阶段的相关系数分别 0.714、0.774、0.685，伦理认知、伦理判断、伦理意图显著相关（$P < 0.01$）。在情景强度大时，伦理决策三阶段的相关系数分别 0.676、0.625、0.619，伦理认知、伦理判断、伦理意图显著相关（$P < 0.01$）。另外，由于在不同情景下，伦理决策三阶段的相关系数发生了明显的变化，这说明道德强度的强度大小维度可能对伦理决策三阶段的影响显著。

表 4－8 不同强度下（强度大小）伦理决策三阶段相关分析表

情景强度		伦理判断	伦理意图
强度小	伦理认知	0.714***	
	伦理判断	0.774***	0.685***
强度大	伦理认知	0.676***	
	伦理判断	0.625***	0.619***

注：表中＊＊＊表示在 0.01 水平（双侧）上显著相关。

2. 不同情景下（强度大或小）伦理决策三阶段的 T 检验

上述的相关性分析通过具体的数据描述，呈现了结果大小维度下，伦理决策过程的三个阶段之间的依存关系，但这只是我们研究各种现象之间相互关系的前提条件。接下来，我们对不同强度下的伦理认知、伦理判断、伦理意图进行两两配对，通过配对样本的 T 检验验证结果大小维度对伦理决策过程的三个阶段的影响。如果两者之间的差异显著性大，那么就说明结果大小强度会对三个阶段都产生影响；反之，就不会产生影响。

表 4－9 配对样本 T 检验分析表

配对样本	成对差分				t	df	Sig.（双侧）
	均值	标准差	差分的 95% 置信区间				
			下限	上限			
强度小—伦理认知 强度大—伦理认知	1.217	1.609	1.046	1.388	13.970	440	.000
强度小—伦理判断 强度大—伦理判断	1.141	1.492	0.982	1.300	14.115	440	.000
强度小—伦理意图 强度大—伦理意图	1.035	1.690	0.855	1.215	11.308	440	.000

由表4－9可知，在不同强度下，伦理决策三阶段的配对样本均通过检验（P＜0.01），这说明道德强度的强度大小维度显著影响企业伦理决策过程的三阶段，假设2.1完全得到验证。具体地说就是，强度大小维度会影响决策者对伦理问题的认知；影响决策者对伦理问题的判断及决策者作出伦理决策行为的几率。

（二）可能性大小对企业伦理决策过程三阶段影响的相关分析及T检验

1. 不同强度下（可能性大或小）伦理决策三阶段相关分析

由表4－10可知，在情景强度小时，伦理决策三阶段的相关系数分别为0.567、0.590、0.607，伦理认知、伦理判断、伦理意图显著相关（P＜0.01）。在情景强度大时，伦理决策三阶段的相关系数分别为0.569、0.528、0.538，伦理认知、伦理判断、伦理意图显著相关（P＜0.01）。另外，由于在不同情景下，伦理决策三阶段的相关系数发生了明显的变化，这说明道德强度的可能性大小维度可能对伦理决策三阶段的影响显著。

表4－10　不同强度（可能性大小）下伦理决策三阶段相关分析表

情景强度		伦理判断	伦理意图
可能性小	伦理认知	0.567***	
	伦理判断	0.590***	0.607***
可能性大	伦理认知	0.569***	
	伦理判断	0.528***	0.538***

注：表中＊＊＊表示在0.01水平（双侧）上显著相关。

2. 不同情景下（可能性大或小）伦理决策三阶段的 T 检验

接下来，我们对不同可能性情景下的伦理认知、伦理判断、伦理意图进行两两配对，通过配对样本的 T 检验验证可能性大小维度对伦理决策过程的三个阶段的影响。如果两者之间的差异显著性大，那么就说明结果大小强度会对三个阶段都产生影响；反之，就不会产生影响。

表 4－11　成对样本 T 检验分析表

<table>
<tr><th rowspan="3">配对样本</th><th colspan="4">成对差分</th><th rowspan="3">t</th><th rowspan="3">df</th><th rowspan="3">Sig.（双侧）</th></tr>
<tr><th rowspan="2">均值</th><th rowspan="2">标准差</th><th colspan="2">差分的 95% 置信区间</th></tr>
<tr><th>下限</th><th>上限</th></tr>
<tr><td>可能性小—伦理认知
可能性大—伦理认知</td><td>0. 680</td><td>1. 317</td><td>0. 540</td><td>0. 821</td><td>9. 536</td><td>440</td><td>. 000</td></tr>
<tr><td>可能性小—伦理判断
可能性大—伦理判断</td><td>0. 630</td><td>1. 224</td><td>0. 500</td><td>0. 761</td><td>9. 521</td><td>440</td><td>. 000</td></tr>
<tr><td>可能性小—伦理意图
可能性大—伦理意图</td><td>0. 645</td><td>1. 186</td><td>0. 519</td><td>0. 711</td><td>10. 047</td><td>440</td><td>. 000</td></tr>
</table>

由表 4－11 可知，在不同强度下，伦理决策三阶段的配对样本均通过检验（$P < 0.01$），这说明道德强度的可能性大小维度显著影响企业伦理决策过程的三阶段，假设 2. 2 完全得到验证。具体地说就是，伦理问题发生的可能性程度将影响决策者的伦理认知、伦理判断和伦理意图，当发生的破坏可能性程度越大时，就越不容易产生不符合伦理的行为。

（三）社会舆论大小对企业伦理决策过程三阶段影响的相关分析及 T 检验

1. 不同强度下（社会舆论大小）伦理决策三阶段相关分析

由表 4－12 可知，在情景强度小时，伦理决策三阶段的相关系数分别为 0.714、0.774、0.685，伦理认知、伦理判断、伦理意图显著相关（$P<0.01$）。在情景强度大时，伦理决策三阶段的相关系数分别为 0.676、0.625、0.619，伦理认知、伦理判断、伦理意图显著相关（$P<0.01$）。另外，由于在不同情景下，伦理决策三阶段的相关系数发生了明显的变化，这说明道德强度的社会舆论维度可能对伦理决策三阶段的影响显著。

表 4－12　不同强度（社会舆论大或小）下伦理决策三阶段相关分析表

情景强度		伦理判断	伦理意图
社会舆论小	伦理认知	0.579***	
	伦理判断	0.696***	0.540***
社会舆论大	伦理认知	0.713***	
	伦理判断	0.796***	0.655***

注：表中＊＊＊表示在 0.01 水平（双侧）上显著相关。

2. 不同情景下（社会舆论大或小）伦理决策三阶段的 T 检验

然后，我们对不同社会舆论情景下的伦理认知、伦理判断、伦理意图进行两两配对，通过配对样本的 T 检验验证社会舆论大小维度对伦理决策过程的三个阶段的影响。如果两者之间的差异显著性大，那么就说明结果大小强度会对三个阶段都产生影响；反之，就不会产生影响。

表 4－13　成对样本 T 检验分析表

配对样本	成对差分				t	df	Sig.（双侧）
	均值	标准差	差分的 95% 置信区间				
			下限	上限			
社会舆论小—伦理认知 社会舆论大—伦理认知	0.554	1.551	0.389	0.719	6.598	440	.000
社会舆论小—伦理判断 社会舆论大—伦理判断	0.499	1.430	0.346	0.651	6.438	440	.000
社会舆论小—伦理意图 社会舆论大—伦理意图	0.663	1.470	0.506	0.819	8.328	440	.000

由表 4－13 可知，在不同强度下，伦理决策三阶段的配对样本均通过检验（$P < 0.01$），这说明道德强度的社会舆论维度显著影响企业伦理决策过程的三阶段，假设 2.3 完全得到验证。具体地说就是，社会舆论维度的大小显著影响决策者的伦理认知、伦理判断、伦理意图。如果决策者可以参照的社会准则、行业规则、权威作出合乎伦理的决策，那么这将增加决策者实施合乎伦理的决策行为。

综上所述，道德强度的强度大小、可能性大小和社会舆论大小均会影响企业人伦理决策过程的三个阶段。道德强度三个维度的强度越大就越不容易发生败德行为，伦理问题的道德强度与伦理决策过程显著正相关。

三、个人道德认知发展阶段对企业伦理决策过程的影响研究

这一部分的研究，我们将运用两组数据，一组是个人道德认知发展阶段的P分值，一组是将三个情景的6组数据按伦理认知、伦理判断、伦理意图三类划分求平均数，这样就会形成3组新的数据。本研究在这一部分将P分值作为自变量，将伦理决策过程的三个阶段作为因变量，分别求证P分值对这三个部分的影响。

我们研究的目的是论证个人道德认知发展阶段对伦理决策过程三个阶段有预测作用。即个人道德认知发展阶段越高，越容易产生合乎伦理的决策行为；反之，个人道德认知发展阶段越低，越容易出现不符合伦理的决策行为。

（一）个人道德认知发展阶段与企业伦理决策过程三阶段的相关分析

由表4－14可知，个人道德认知发展阶段和伦理决策过程的三阶段在 $P < 0.05$ 水平上显著，相关系数为0.115、0.105、0.121，并未达到显著水平。这与目前我国学者以往的研究并不完全相符，部分学者认为个人道德认知发展阶段能够显著预测企业伦理决策行为。

为了确定个人道德认知发展阶段是否影响企业人的伦理决策行为，及其对伦理决策过程的三阶段的预测作用。本研究使用了线性回归模型，通过对总体参数和方差的分析来验证我们的研究假设。表4－15是个人道德认知发展阶段分别与伦理认知、伦理判断、伦理意图的回归模型分析结果汇总。

表 4－14　相关分析结果（N＝441）

	均值	标准差	个人道德认知发展阶段	伦理认知	伦理判断	伦理意图
个人道德认知发展阶段	38.59	25.0370	1			
伦理认知	2.218	0.76998	0.115**	1		
伦理判断	2.199	0.82554	0.105**	0.735***	1	
伦理意图	2.250	0.81746	0.121**	0.773***	0.716***	1

注：表中＊＊＊表示在 0.01 水平（双侧）上显著相关；＊＊表示在 0.05 水平（双侧）上显著。

表 4－15　总体参数和方差分析汇总（N＝441）

模型	R	R^2	调整 R^2	估计标准误差	F	Sig.
1. P-伦理认知	0.115**	0.013	0.010	0.76597	4.563	0.033
2. P-伦理判断	0.105**	0.011	0.010	0.72860	4.187	0.041
3. P-伦理意图	0.121**	0.015	0.012	0.81263	5.055	0.025

a 预测变量：（常量）个人道德认知发展阶段 P 分

b 因变量：伦理认知；伦理判断；伦理意图

在模型 1 中，调整的 R^2 仅为 0.010，F 值为 4.563，其显著性概率为 0.033，说明模型回归效果在 0.05 水平（双侧）较为显著。因此，个人道德认知发展阶段对伦理认知有部分预测作用。在模型 2 中，调整的 R^2 为 0.010，F 值为 4.187，其显著性概率为 0.041，说明模型回归效果在 0.05 水平（双侧）较为显著。因此，个人道德认知发展阶段对伦理判断有部分预测作用。在模型 3 中，调整的 R^2 为 0.012，F 值为 5.005，其显著性概率为 0.025，说明模型回归效果在 0.05 水平（双侧）较为显著。因此，个人道德认知发展阶段对伦理意图有部分预测作用。

通过对以上结果的观察，本研究认为个人道德认知发展阶段仅对企业人的伦理决策行为能起到部分的预测作用。该部分的实证研究结果与目前两位浙江工商大学研究人员的结果不同，在洪科芳和张垭丽的研究中个人道德认知发展阶段在0.01的水平上显著影响了企业人的伦理决策行为。究其原因，本研究认为有这样几种可能：

表4－16　回归模型与显著性检验汇总（N＝441）

模型		非标准化系数		标准系数	t	Sig.
		B	标准误差	Beta		
1	（常量）	2.000	0.110		18.184	0.000
	转换P分	0.004	0.002	0.115**	2.136	0.033
2	（常量）	2.001	0.140		17.285	0.000
	转换P分	0.003	0.002	0.105**	2.027	0.041
3	（常量）	2.007	0.117		17.159	0.000
	转换P分	0.004	0.002	0.121**	2.248	0.025

a 因变量：伦理认知；伦理判断；伦理意图

首先，从研究样本上来看，这两个研究都是针对浙江杭州的企业展开的调研，可能存在研究样本的同质性和地方性的特点。浙江的发展从中国的整体经济增长形势看一直都在前列，这样也势必会吸引大量的人才加入。无论从经济发展还是人员素质上比国内其他大部分省市具有优势，那么在这样的环境下，员工就会更多的拥有话语权，并且更有可能秉承内心的信念进行伦理决策。所以，个人道德认知发展的水平就会对伦理决策行为产生显著的预测作用。本研究是从9省市的27家不同行业的企业展开的调研，这样的样本性质就比前者要复杂得多。

其次，从理论分析的结果看，本研究的结果更符合交互性理论的观点。企业伦理决策作为复杂的行为方式将受到个人因素和组织因素的双重作用，既然是一种交互的影响，其影响因素就必然会因为情景和决策人的不同而有强弱之分。本研究的实证结果证实个人道德认知发展与企业伦理决策行为在 0.05 的水平上相关，就说明除个人因素外，企业伦理决策行为还将受到组织因素的影响，这样也就有了对其他影响因素深入研究的必要。

四、组织伦理氛围的三个维度对企业伦理决策过程的影响研究

（一）人口统计变量和主变量之间的相关分析

在这一部分实证分析中，我们将个人统计变量做了虚拟变量处理。例如，性别变量中 1 代表男，2 代表女；学历变量中 1 代表本科以下，2 代表本科，3 代表硕士及以上。人口统计变量中年龄、工龄、职务、地域、企业规模与本研究的主要变量组织伦理氛围、企业伦理决策过程显著相关。这说明人口统计变量中的这几个变量存在影响企业伦理决策的可能，但刘文彬（2009）认为人口统计变量与主变量之间的关系往往是多个因素的共同影响，综合以往的研究文献对于这方面的研究结论也并不统一，因此本研究对人口统计变量仅做简要的分析。如表 4 - 17 所示，我们发现主变量组织伦理氛围的三个维度与企业伦理决策过程的三阶段显著相关。具体来说，自利导向与伦理决策三阶段显著负相关，关怀导向和规则导向与伦理决策三阶段显著正相关；自利导向与关怀导向、规则导向显著负相关，关怀导向和规则导向显著正相关。

表 4-17　人口统计变量、组织伦理氛围三维度和伦理决策过程三阶段描述统计分析结果表（N = 441）

	均值	标准差	1	2	3	4	5	6	7	8	9	10	11	12	13
性别	1.54	499	1												
年龄	1.60	.502	-.178***	1											
工龄	2.01	.862	-.175***	.747***	1										
学历	1.91	.900	-.084*	-.025	-.067*	1									
职务	3.30	.894	.184***	-.305***	-.250***	-.230***	1								
地域	3.54	2.382	.050	-.034	-.094*	.184***	-.038	1							
企业规模	2.26	1.417	-.148***	.032	.086*	.004**	.016	.160**	1						
伦理认知	2.22	.770	-.001	-.089*	-.104*	-.023	.009	-.128**	-.026	1					
伦理判断	2.20	.826	-.033	-.088*	-.051*	-.112**	.070*	-.094*	.003	.735***	1				
伦理意图	2.25	.817	-.050	-.036	-.098*	-.045	-.046	-.121**	.045	.773***	.716***	1			
自利导向	2.07	.796	-.035	-.065*	-.097*	.043	-.055*	.139**	-.127**	-.655***	-.584***	-.592***	1		
关怀导向	3.56	.822	.029	.146***	.145***	-.018	-.055*	.097*	.042	.442***	.360***	.365***	-.514***	1	
规则导向	3.99	.827	-.038	.052*	.98*	-.012	.014	-.047	-.084	.423***	.320***	.348***	-.446***	.503***	1

注：表中＊＊＊表示在 0.01 水平（双侧）上显著；＊＊表示在 0.05 水平（双侧）上显著；＊表示在 0.1 水平（双侧）上显著。

（二）人口统计变量与主变量的回归分析

为了检验人口统计变量与主变量之间的关系，我们采用了分层回归的方式：首先将人口统计变量作为自变量，伦理决策过程三阶段为因变量建立回归模型 1；然后再将人口统计变量作为控制变量、组织伦理氛围三个维度作为解释变量，伦理决策过程三阶段作为因变量建立回归模型 2。在这个回归分析的过程中，我们主要观察回归结果的两个方面：第一，因变量的方差变异（R^2）是否因为加入了组织伦理氛围变量而有所变化，这种变化是否显著；第二，作为自变量的组织伦理氛围三个维度在回归方程中标准化回归系数（Beta 值）的符号、大小及其显著性。

表 4－18 是人口统计变量与主变量的层次回归结果汇总，从表中我们可以明显地看到人口统计变量对伦理决策三阶段的影响并不显著，其中地域与伦理认知（$\beta=0.137$，$P<0.01$）关系显著；工龄与伦理意图（$\beta=0.208$，$P<0.01$）关系显著，其他人口统计变量从整体上来看与伦理决策过程的三阶段之间关系并不显著。所以人口统计变量对伦理决策三阶段的方差最多只能提供 4.6% 的解释。但是，在将组织伦理气氛三维度引入回归模型后，可以解释的方差大幅提高，$\triangle R^2$ 的提高在 10.6%－11.2% 之间，而且回归模型的 F 值也都在 $P<0.01$ 的水平下达到显著，这说明回归模型拟合得较好，组织伦理气氛对伦理决策过程具有显著的解释能力。具体来说：

首先，自利导向的组织伦理气氛与伦理认知（$\beta=-0.317$，$P<0.01$）、伦理判断（$\beta=-0.303$，$P<0.01$）和伦理意图（$\beta=-0.289$，$P<0.01$）之间的回归系数均显著。这表明，员工

感知到的自利导向的组织伦理气氛和伦理决策三阶段之间存在显著的负相关关系，所以我们可以据此判定假设 4.1 得到完全支持。

表 4－18　组织伦理气氛与伦理决策过程三阶段层次回归结果（N＝441）

	伦理认知		伦理判断		伦理意图	
	模型 1	模型 2	模型 1	模型 2	模型 1	模型 2
控制变量						
性别	－0.012	－0.037	－0.058	－0.078*	－0.044	－0.078*
年龄	－0.024	－0.037	－1.000*	－0.107*	－0.078	－0.107*
工龄	0.110*	0.137*	0.006	0.017	0.208***	0.017
学历	－0.014	－0.017	－0.098*	－0.105**	－0.054*	－0.103*
职务	－0.032	－0.054	0.027	0.005	－0.083*	0.005
地域	0.137***	0.192***	0.077*	0.029	0.141**	0.029
企业规模	0.003	－0.048	0.010	－0.036	0.076*	－0.036
解释变量						
自利导向		－0.317***		－0.303***		－0.289***
关怀导向		0.221**		0.102*		0.089*
规则导向		0.213**		0.079*		0.198**
R^2	0.031	0.141	0.031	0.137	0.046	0.158
$\triangle R^2$	0.031	0.11	0.031	0.106	0.046	0.112
F 值	1.527	5.426***	1.499	5.112***	2.315	5.382***

注：表中＊＊＊表示在 0.01 水平（双侧）上显著；＊＊表示在 0.05 水平（双侧）上显著；＊表示在 0.1 水平（双侧）上显著。

其次，关怀导向的组织伦理气氛仅与伦理认知（$\beta = 0.221$，$P < 0.05$）之间的回归系数较显著。这表明，员工感知到的关怀导向的组织伦理气氛和伦理决策过程的一个阶段之间存在较显著的正相关关系，所以我们可以据此判定假设 4.2 得到部分

支持。

最后，规则导向的组织伦理气氛与伦理认知（β = 0.213，$P < 0.05$）和伦理意图（β = 0.198，$P < 0.05$）之间的回归系数均较显著。这表明，员工感知到的规则导向的组织伦理气氛和伦理决策过程的两个阶段之间存在较显著的正相关关系，所以我们可以据此判定假设 4.3 得到部分支持。

通过以上结果的分析，我们可以知道：

第一，自利导向的组织伦理氛围会影响企业做出合乎伦理的决策行为。在自利导向的组织伦理氛围中，组织成员面对伦理问题进行伦理决策时，首先想到的是维护自身的利益。因而其做出的决策往往是有利于自己的，虽然在主观上其并不想伤害别人，但决策的结果往往以牺牲他人的利益来实现。虽然其主观上并不存在故意损害他人利益的意图，但是在很多情况下，自利型的组织氛围还是会如同“丛林”，个体会因私利而不择手段。

第二，关怀导向的组织伦理氛围会影响企业人的伦理认知。在以关怀为导向的组织伦理氛围中，管理者会树立一个关系融洽、和谐的组织环境。在这样的环境中，组织成员进行伦理决策时不仅会考虑组织内部的利益相关者，更会考虑对组织外部利益相关者的影响，希望能够平衡各方面的利益。但是，从实证的结果来看关怀导向的组织伦理氛围对伦理判断和伦理意图并没有产生积极影响。

第三，规则导向的组织伦理氛围会对企业的伦理决策行为产生部分正向影响。在以规则为导向的组织伦理氛围中，组织成员制定任何决策都要严格按照组织的规章制度来办，只有按命令执行的任务才可能获得组织的认可。实证研究表明，规则导向的伦理氛围会影响企业人的伦理认知和伦理意图。如果企业有严明的规则，并且对不符合伦理的行为态度明晰，那么就会正向促进企业人的伦理决策行为。

第四节　实证研究结论

本章的假设检验结果如下：

表4-19　假设检验结果列表

假设	具体内容	结果
1.1	伦理决策过程各阶段之间显著正相关	完全支持
	当面临伦理问题时，伦理认知与伦理判断之间具有显著相关	支持
	当面临伦理问题时，伦理判断与伦理意向之间显著相关	支持
	当面临伦理问题时，伦理认知与伦理意向之间显著相关	支持
	伦理判断在伦理认知与伦理意向之间起到中介作用	支持
2.1	道德强度三个维度对伦理决策过程各阶段的影响显著	完全支持
	结果大小对企业伦理决策各阶段产生显著影响	支持
	结果大小会显著影响伦理认知	支持
	结果大小会显著影响伦理判断	支持
	结果大小会显著影响伦理意图	支持
	社会舆论大小对企业伦理决策各阶段产生显著影响	支持
	社会舆论会显著影响伦理认知	支持
	社会舆论会显著影响伦理判断	支持
	社会舆论会显著影响伦理意图	支持
	可能性大小对企业伦理决策各阶段产生显著影响	支持
	可能性大小会显著影响伦理认知	支持
	可能性大小会显著影响伦理判断	支持

续表

假设	具体内容	结果
3.1	个人道德认知发展阶段对伦理决策过程各阶段有显著预测作用	部分支持
	个人道德认知发展阶段对伦理认知有显著预测作用	部分支持
	个人道德认知发展阶段对伦理判断有显著预测作用	部分支持
	个人道德认知发展阶段对伦理意图有显著预测作用	部分支持
4.1	组织伦理氛围三维度对伦理决策过程各阶段影响显著	部分支持
	自利导向的组织伦理氛围对企业伦理决策过程产生显著影响	支持
	自利导向的组织伦理氛围显著影响伦理认知	支持
	自利导向的组织伦理氛围显著影响伦理判断	支持
	自利导向的组织伦理氛围显著影响伦理意图	支持
	关怀导向的组织伦理氛围对企业伦理决策过程产生显著影响	部分支持
	关怀导向的组织伦理氛围显著影响伦理认知	部分支持
	关怀导向的组织伦理氛围显著影响伦理判断	不支持
	关怀导向的组织伦理氛围显著影响伦理意图	不支持
	规则导向的组织伦理氛围对企业伦理决策过程产生显著影响	部分支持
	规则导向的组织伦理氛围显著影响伦理认知	部分支持
	规则导向的组织伦理氛围显著影响伦理判断	不支持
	规则导向的组织伦理氛围显著影响伦理意图	部分支持

一、企业伦理决策过程三个阶段的结构探索及相关结论

本文主要应用了 Singhapakdi et al（1999）的测量量表，从

其中抽取三个不同的情景，分别按照伦理认知、伦理判断、伦理意图三个过程进行提问，从而判断三者之间的关系。该量表在 Rest 的伦理决策过程理论基础之上建立，作为重要的理论研究成果已经在全世界 30 多个国家进行了实证检验，具有较好的稳定性和良好的信度效度。我国学者对本量表的应用最早始于浙江工商大学，在国内的三篇类似研究文献中，企业伦理决策过程三阶段的结构探索均得到了验证。但是以往的研究样本只是从浙江企业选取，研究样本会存在性质趋同的可能性。试想如果扩大研究样本的范围，跨域省市界限，企业伦理决策过程三阶段理论是否还能得到验证？因此，本文在此基础上在全国范围内的 9 个省市做了问卷调研，目的是验证该量表的稳定性，及其在中国的文化背景下的适用性。

由表 4－19 可知，企业伦理决策过程是决策行为外显前的心理过程，大致可以包括伦理认知、伦理判断、伦理意图三个阶段，并且这三个阶段两两相关。值得说明的是检验结果表明伦理判断在伦理认知与伦理意向间起到了中介作用，即伦理认知通过伦理判断形成伦理意图，促进伦理行为。决策人对伦理问题的伦理认知度越高，就越具有伦理性，会增加伦理行为的可能性。决策人对伦理问题的伦理认知越低，就越不具备伦理性，会增加败德行为的可能性。这与 Rest 的研究结论一致，也与目前我国学者的研究结论相符。

二、道德强度对企业伦理决策过程的影响及其结果

如表 4－19 所示，道德强度的三个维度均对企业伦理决策过程三阶段产生了显著影响。具体来说：首先，决策者感知到伦

理问题的结果大小显著影响伦理认知、伦理判断及伦理意图。也就是说，决策者感知到伦理问题的结果越严重，就越会趋向于符合伦理的行为；其次，社会舆论会显著影响决策者的伦理认知、伦理判断、伦理意图。即企业会参照社会规范、行业规则、权威榜样作用来决定其决策行为，社会风气越正义就越容易产生符合伦理的决策行为；最后，决策者感知到伦理问题发生的可能性大小会显著影响伦理认知、伦理判断、伦理意图。即决策者感觉到伦理问题发生的可能性越大越容易产生符合伦理决策的行为。这与Jones的研究结论一致，也与目前我国学者的研究相符。

对伦理问题的认知是伦理决策的第一步，以往学者的研究结论表明伦理问题本身就是企业伦理决策的影响因素之一。伦理问题的强度跟决策者感觉到的重要性有关。个人对于问题道德强度的感知增加了他对伦理问题的洞察力，反过来降低了他从事不道德行为的意图。换句话说，人们越是认为某伦理行为重要，就越是不可能采取有争议或不道德的行动。因此，在伦理决策影响因素的研究中，道德强度应被看作一个关键因素。

在这部分的情景实验研究中，我们得到了以下引申结论：第一，当个人所处的立场发生变化时，其决策行为也会发生变化。作为企业中的一员，被测试人员的行为往往会受到企业目标的影响。他们在现实生活中遵守的道德准则和在组织中所遵守的道德准则是不同的，在进入组织后，其会运用在组织中习得的方式去对待面临的伦理问题。在很多情况下，他们按照组织的原则来决策，而并没有认识到伦理问题的产生。第二，女性管理者并未表现出先天的道德优势，情景二表明，男性高层管理者的决策行为比女性更为谨慎。这说明在企业伦理决策过程中，女性高管同样面临经营绩效的压力，这种压力可能比男性管理者更大，而使其更容易产生不符合伦理的决策行为。

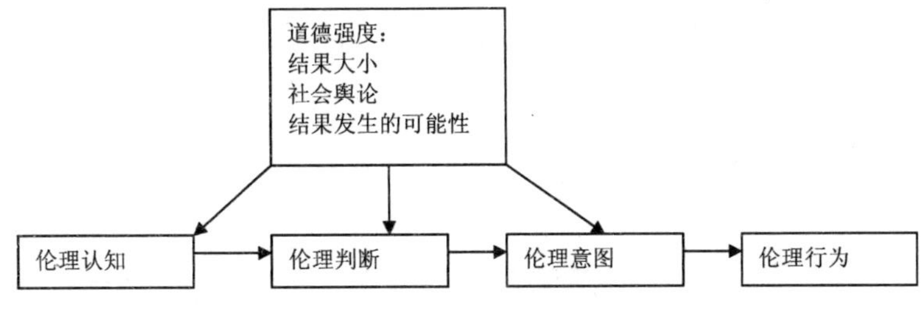

图 4－3　道德强度对伦理决策过程影响模型

三、个人道德认知发展阶段对企业伦理决策过程的影响及其结果

大多数人相信，随着时间流逝，人们知识增加，社会化程度益深，每个人都会经历道德发展的不同阶段。个体的差异性往往使得人们所处的道德认知发展的阶段不同，道德意识与道德认知相关，以往研究表明个人道德认知发展阶段越高就越容易产生符合伦理的道德意识。Kohlberg 的理论被成功运用于商业环境研究中，以往研究表明个人道德认知发展对伦理决策过程有显著的预测作用。DIT 量表可以应用到企业招聘的员工筛选及日常管理中。本研究表明，本测试样本的个人道德认知发展阶段的均值为 38.56，处在道德认知发展的第三到第四阶段间。处在这一区间的成年人，会重视组织权威的影响及他的行为要承担的社会责任。

但是，从表 4－19 中，我们可以清楚地看到个人道德认知发展阶段对伦理决策过程三个阶段的预测作用并不显著，因此我们说结果表明假设只是部分得到了支持。这与目前我国学者的研究结论并不完全一致，洪科芳（2010）、张丽娅（2012）的研究结论认为个人道德认知发展对组织成员伦理决策的影响有显著预测作用。分析其中原因我们认为个人因素只是企业伦理决策的众多影响因素之一，当个人在群体的环境下做出抉择，某一行动方案的后果就不仅取决于个人对特定方案的选择，还取决于该群体中其他成员的选择，这就是个人决策向集体决策转移的过程。这一过程不仅仅是个人行为选择方案的转移，也包括个人价值观与组织价值观的碰撞。因此企业伦理顾问 David Gebler 认为，大多数不伦理行为都不是出于个人利益才做出的，而是为了达到组织目标。也就是说，正直的个人在伦理缺位的企业中也可能会作出不符合伦理的行为，这就是组织的“染缸”作用。所以，本研究认为个人道德认知发展阶段对企业伦理决策只起到了部分预测作用。但在企业的招聘过程中，应用本量表对被选者的道德素质进行测评，有利于企业选择到具有良好道德素养的员工。

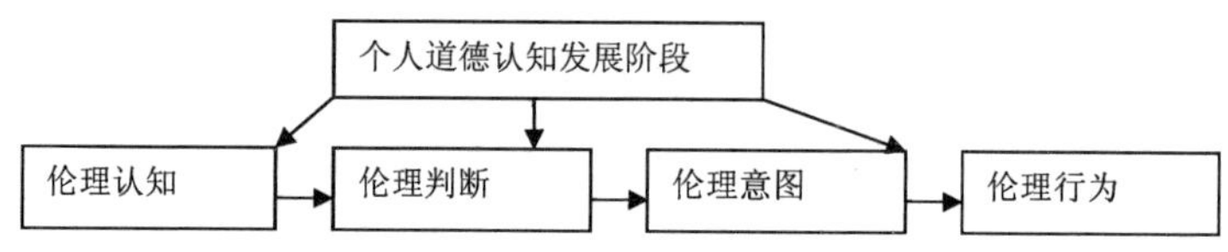

图 4－4　个人道德认知发展阶段对伦理决策过程影响模型

四、组织伦理氛围对企业伦理决策过程的影响及其结果

如表 4－19 所示，三种主要类型的组织伦理气氛对企业伦理决策的影响在本研究中得到了一定的证实，尤其是自利导向和规则导向的组织伦理气氛。这与大多数研究组织伦理气氛和员工伦理行为间关系的学者所得到的结论是一致的。因此，组织

伦理氛围作为组织文化的重要组成部分和具体内容，在组织中避免或塑造某些特定类型的伦理气氛，对于有效地控制和管理员工的越轨行为，使之与组织目标保持一致，具有非常重要的现实意义。具体说来：

首先，只有自利导向对企业伦理决策过程三阶段产生了显著的影响。值得说明的是，自利导向和企业伦理决策行为成显著负相关，也就是说，如果员工感知到一个企业的组织伦理氛围以自利导向为主，那么就会增加其在决策过程中去做不符合伦理的行为的几率。个人的道德指南虽然重要，却不足以预防组织环境下的伦理行为失范。在自利导向的氛围中，企业的业绩压力很大，达到目标后的奖励成为组织成员唯一的诉求，他们往往会为达目的而不择手段。这种企业必须重塑企业形象和企业文化，遵循为行业和社会所接受的行为准则。与此同时，要在组织中营造伦理决策气氛就得裁掉不道德的人并改进企业的伦理标准。有些人就是“烂苹果”，做起事来只顾个人利益，从不考虑企业目标和人们普遍认同的行为准则。通过筛选技术把这些“烂苹果”除掉，同时贯彻执行企业伦理准则，就能全面改善企业行为。①

其次，关怀导向的组织伦理氛围较显著地影响了伦理认知，但并未对伦理判断和伦理意图产生影响，这与本研究的理论假设产生了较大的差异。究其原因，我们认为从个人心理需求来看，一个人进入了新的组织势必希望得到组织的关怀，这样会

---

① Trevino L. K. and Stuart Youngblood, Bad Apples in Bad Barrels: Causal Analysis of Ethical Decision Making Behavior, *Journal of Applied Psychology* 75 (1990): pp. 378 – 385.

使其获得满足和幸福感。但当这种关怀达到了稳定的程度后，便会认定为理所应当，不再对个人感知起作用。因此关怀导向的组织伦理氛围与企业伦理决策的影响并不和自利导向的组织伦理氛围与企业伦理决策行为之间的关系相同彼此消长，而是在一定的时期内与其正相关，而在一定时期后便与其不相关。从本研究的数据来看，关怀导向组织伦理氛围的均值达到了3.56，这表明从总体来看，本次调研的样本对企业的关怀氛围有了比较好的感知，因此对于这些样本而言，组织伦理氛围对企业伦理决策行为的影响就减弱了。

最后，规则导向的组织伦理氛围与伦理认知、伦理意图之间较显著的相关。以规则为导向的组织伦理氛围中，组织成员制定任何决策都要严格按照组织的规章制度来办，只有按命令执行的任务才可能获得组织的认可。就是说，如果组织成员感知到组织的伦理规范，就会按照伦理规范行事，从而减少不符合伦理的行为。因此，规则导向的组织伦理氛围与伦理认知、伦理意图是较显著的正相关。当然，这要求企业在制定规则时将伦理纳入其中，让员工能清楚地知道在工作中什么是值得推崇的，什么又是应该避免的。在规则导向的组织伦理氛围中，讲究奖惩分明，不仅仅奖励结果，同时关注取得结果的过程。

组织中的伦理氛围往往是几种导向的综合。在对企业伦理氛围的测量后，管理者就可以了解其现状，并作出针对性的改革和调整，使得企业保持良好的伦理氛围。企业中良好的伦理氛围要靠价值观来驱动，依靠明确的使命宣言来定义企业及其如何对待员工和顾客。在采用价值观为基础的文化时，重要的是要解释规则存在的必要性、当规则被违反时有何惩罚、员工可以通过哪些途径帮助改善企业伦理。任何伦理文化的关键在于，诚信要自上而下，对价值观、程序和规则的遵循要从企业领导者开始。奉行伦理决策的企业应是追求卓越、尊重多样性和维持“工作和生活平衡”的典范。

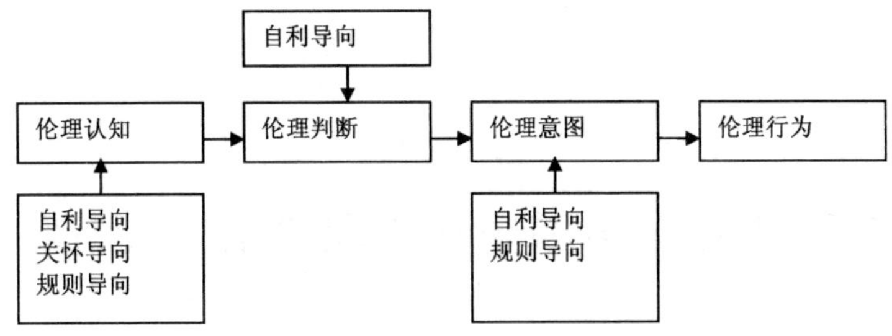

图 4－5　组织伦理氛围对伦理决策过程影响模型

第五章
相关探讨与中国企业伦理决策实践机制

本书以企业伦理决策行为这一积极的角色行为作为主要研究对象，在探索中国文化背景下企业伦理决策行为的过程和前因变量的研究中，通过演绎归纳和数据实证的方法分析了企业伦理决策过程的结构和特征，以及道德强度、个人道德认知发展阶段、组织伦理氛围对企业人伦理决策行为的作用机制和适用范围等基本问题。经过系统的理论推演和实证分析，本书获得了一些比较重要的研究结论，这些结论对于指导企业的伦理决策实践具有重要的意义。与此同时，我们在研究的过程中也发现了一些问题和在未来值得重视的方面。

第一节　相关探讨

本书就企业伦理决策的分析单位、企业伦理决策的研究方法、企业伦理决策研究遵循的伦理原则等进行了较为系统的理论推理，并进一步对影响中国企业伦理决策行为的主要因素进行较为全面的实证研究，获得了若干重要的结论和发现：

一、企业伦理决策的规范和实证研究方法可以在实用层面共融

“是”与“应该”是伦理学的经典难题之一。所谓的“休谟难题”就是指“应该”是否由“是（事实）”产生和推导出来？学术界对于休谟问题从来就没有停止过争论。阿尔佩认为，在因果分析中，以及在事实和规范之间的区分中，它们错失了时间性的世界过程的具体现实性，因为它们割裂了“对我们来说”是事实性的因而是客观给定的过去，与“对我们来说”尚未决定的因而诉诸主观领域的将来之间的联系。①

从企业伦理决策研究对象的双重特征来看，既要研究企业伦理决策行为的事实（是），又要研究企业伦理决策遵循的价值原则（应该），两者在本质上是整合性的，需要实证研究和规范研究两种方法的融合。企业伦理决策的规范和实证研究方法在实用层面是共生的，这种共生的关系最一般的是人性，最直接的是承诺、协议和契约。

因而，本研究在提出企业伦理决策理论基础上，应用规范研究的方法分析了其所遵循的价值原则。用价值原则指引主观领域“对我们来说”尚未决定的因，从而规避在未来可能发生的道德风险（见第二章的论证）；与此同时，通过实证研究的方法验证企业伦理决策的过程及影响因素，用事实性的因分析客观给定的过去，寻求推陈出新的对策（见第三章、第四章的论

---

①［德］卡尔－奥托·阿佩尔：《哲学的改造》，孙周兴、陆兴华译，上海译文出版社2005年版，第250页。

证），从而实现规范研究和实证研究在本研究领域现实层面的共融。

二、伦理融入管理可以有效指引企业理性实践

罗伯特·C. 所罗门将德行比喻成篝火，他认为企业伴随着文明的产生而产生，而且已经成为了文化的一个重要组成部分，这是因为它与美德、集体认识和最低限度的相互信任有着相互依赖的关系，没有以上这些，就不会有各种生产、交换、互惠互利等活动，更不用说企业本身了。[①] 在《伦理与卓越》一书中，他这样批判了米尔顿·弗里德曼的企业社会责任观，“单纯地赚钱不是企业活动的终点，更不是一个人社会责任的实现。我们看待企业的态度和方法是错误的，不仅仅错在细节上，更错在对企业这个概念的理解上……这些概念孤立主义使我们把企业活动当成游戏——抑或更糟的是，把商业看做一片关乎生死的丛林或一场为生存而战的斗争——而忽视或摒弃了那些使企业成为可能的美德和共识”[②]。

现今，伦理学不再是为义务而义务的道德说教，它更关注的是解决现实层面为什么和怎样去做的问题。合乎伦理的管理，似乎给人一种很遥远的感觉，事实上伦理已经渐渐渗透于现代管理理论之中，企业伦理学就是指引企业理性实践的最好见证。本研究认为现代企业应综合运用伦理原则和道德推理的多元化，

---

① ［美］罗伯特·C. 所罗门：《伦理与卓越——商业中的合作与诚信》，罗汉、黄悦等译，上海译文出版社 2006 年版，第 9 页。

② ［美］罗伯特·C. 所罗门：《伦理与卓越——商业中的合作与诚信》，罗汉、黄悦等译，上海译文出版社 2006 年版，第 12 页。

解决企业中的伦理问题和伦理困境（见第二章第一节的论证）。与此同时，应注重价值排序方法的一般性和特殊性的结合（见第二章第二节的论证）。管理是权衡各种利益关系的学问，而伦理正是处理各种关系的规则。强调企业决策应遵循的伦理原则和排序方法，目的不是说明哪种伦理原则更为道德，而是希望以此丰富企业管理者的伦理知识。使其拥有换位思考的能力和创造性的思维，突破墨守成规的老思路，并且在企业经营过程中更好地应用伦理来指引企业的理性实践。

企业伦理已经融入到现代管理理论之中。例如，人们将人本管理思想表达为3P理论，即企业是由人构成的（of the people），企业是依靠人开展活动的（by the people），企业是为人而存在的（for the people）。这种管理提倡培育人、尊重人、关心人、公正地对待人，而这正是处理组织与员工关系的伦理；战略管理从本质上说，是一种决策，它具有全局性、长远性、方向性、抗争性的特点。战略决策一般会涉及更多的利益相关者。当企业与利益相关者发生矛盾时，怎样处理各方面的利益关系便是一个伦理问题。弗里曼和吉尔伯特在《公司战略与追求伦理》一书中论述到“我们的观点很简单，那就是，追求卓越与追求伦理是一回事，两者都必须与公司战略相联系。必须把伦理置于公司战略讨论的中心。优秀的企业能够而且应该根据与建立在伦理基础上的战略相一致的方式进行管理。”① 不道德的经营行为充其量只能取得短期利益，而合乎伦理的经营行为有助于获得长远的利益。战略管理关注企业的长期生存与发展，因而，

---

① Freeman R. E. and Daniel R. Gilbert, Jr, *Corporate Strategy and the Search for Ethics*, Englewood Cliffs, NJ: Prentice-Hall, 1988, p. 7.

有效的战略管理有必要建立在企业伦理基础之上。另外，全面质量管理、企业文化、卓越领导等无不凝结了企业伦理的内涵，一句话，只有领会这些理论背后的深刻伦理意蕴，才能真正理解这些理论的实质及其发展趋势，才能真正发挥这些理论的作用。

三、企业伦理决策理论的管理实践意义

首先，本研究将有利于国内的企业管理者正确认识企业伦理决策的重要性。

在本研究的第一章和第二章，对企业伦理决策理论基础的梳理使得本文的研究对象、研究内容清晰化。而对中国企业伦理决策遵循伦理原则的研究，论证了道德推理多元化对管理实践的意义。根据中国企业面临的价值争论和选择提出了主要的价值排序方法，指引企业成员的伦理决策行为，丰富了企业人的决策视角。在转型时期中国企业要增强自身的核心竞争力，就必须在提高伦理决策水平上下功夫，这是企业希望获得长久发展及与国际企业接轨的需要。将伦理指标融入决策过程中，要求管理者必须拥有一定的伦理知识和成熟的判断标准，只有如此才能处理好当下的伦理问题和防范于未然。有些决策失误不是技术上的不可行、经济上不合理，甚至也不违反法律条文，而恰恰是由于伦理上不可行造成的。管理者仅仅个人素质良好，而缺乏必要的决策伦理分析能力，仍然有可能因伦理上的不可行而导致决策失误。Penny 公司的前任首席执行官塞伯特（Donald V. Siebert）对于伦理的重要性这样分析道："如今决大多数的管理者都是讲道德和诚实的。但是，有时我们可能会埋头于

数学模型、销售报表和季度收入，以至于忘掉了成功的企业的一个基本事实——从长远来看，最好的企业决策是建立在最合乎道德的判断之上的。”①

其次，本研究有利于企业在用人决策的过程中更科学地考察员工的个人道德修养等差异问题。通过第三章和第四章的实证假设检验，研究结果表明，企业人的个人道德认知发展阶段较显著的影响其伦理决策行为。个人道德认知发展阶段和伦理决策过程的三阶段在 $P<0.05$ 水平上显著，本研究验证了个人道德认知发展阶段对企业伦理决策的影响，突出了个人道德修养对伦理决策的重要作用。企业经营者面临巨大的竞争压力和金钱的诱惑，因而与普通人相比，其道德修养的难度更大，同时必要性也更加突出。“什么样的人生是值得追求的？除了自己，经营企业还为什么”是企业经营者必须思考的问题，也只有伦理学会给出答案。通过自身的努力，使利益相关者变得更好（至少不损害任何利益相关者的正当利益），从而使社会变得更加美好，是经营者应该努力追求的目标。明确了目标，就要确立原则。市场经济是契约经济、信用经济，不搞不正之风，恰恰符合了市场经济原则。学习求知、内省自讼、克己自律、积善为德、慎独等我国传统道德修养方式又被重新赋予了现代意义。目前，越来越多的企业在人力资源招聘的过程中，就融入了伦理测试这一环节，从新员工入职的阶段就进行了合理的选择。而 DIT 量表所测试的个人道德认知发展 P 分值就可以作为企业考察员工道德修养差异的参考项。

---

① Laczniak G. R. and Patrick E., Murphy, *Ehtical Marketing Decision: the Higher Road*, Allyn & Bacon, 1993, p. 280.

最后，本研究将有利于企业从组织伦理气氛建设层面促进企业伦理决策行为。近年来，现代企业管理理念发生了很大的变化，仅仅依靠科层制的管理方式已经不能很好的激励员工，提升管理效率。企业远远不只是一台机器，而更像一个社会。实际上，我们正开始意识到提高效率经常是以牺牲创新为代价的，并且意识到以机械主义的方式看待企业必然导致组织僵化和员工关系的恶化。当人们决定该如何使用一个齿轮时，从来不会征求这个齿轮的意见。如果以这种方式对待员工的话，必然导致员工的不满。决策是需要协商和理解的，而不仅仅是使唤和调用。

事实上，企业更应该从行为科学的视角入手探析解决问题的有效途径，而组织伦理气氛的塑造和培育就是一个现实而可行的操作方案。企业伦理决策行为和企业是否存在支撑、鼓励相关行为的组织伦理气氛密切相关。组织伦理气氛的塑造和培育不仅有利于提高员工的组织认同，进而促进其组织承诺感和工作满意度，而且还可以鼓励员工做符合伦理的决策，提高组织的关联绩效，推动组织的可持续性发展。从这个意义上来说，组织伦理气氛的塑造和培育是促进企业伦理决策行为的重要途径，只有在组织中不断地塑造和强化积极的伦理气氛，才能有效地激励员工在动态环境下作出符合伦理行为和促进组织目标实现的决策行为。一个积极的、符合伦理的组织氛围会塑造良好的工作坏境，使员工将工作热情放到首位，也往往更有利于吸引和留住人才。

第二节　中国企业伦理决策实践机制

在转型时期的中国，企业伦理决策的实践过程不仅仅是内部管理问题，更需要外部环境的保障。因为在实证研究中，我们发现决策者会根据伦理问题的道德强度而改变其决策的方案，道德强度越强就越会选择趋于伦理的行为，这说明完善的市场制度和法律制度、政府的监管作用，都将为企业践行伦理决策提供好的社会环境和社会风气。当然，就企业而言，领导者伦理领导力的提升、组织的伦理氛围的塑造，可以有效防止正式的伦理守则成为一纸空文，促进企业的伦理决策行为。

一、中国企业践行伦理决策的外部保障

（一）完善的市场制度和法律制度是企业践行伦理决策的保障

市场制度中的规则，有些是自发形成的，而有些是人为设计的。无论是哪种设计方式，市场制度都需要完善。从客观的角度出发，自由竞争的市场制度的完善是一个过程，它要求企业适应这个过程。从建设性的视角来看，则需要通过政府和企业等各方面的努力合作和促进这个制度的完善。道德和法治是推进市场制度建设的两个主要层面，两者之间也存在互动关系。道德准则体系很重要，假如没有道德基础，就不可能出现有秩序的市场经济活动。当然，在许多情况下，市场经济中的自由竞争的道德需要法治的保障。法律制度越完善，执行越到位，促进自由竞争的道德制度得以完善的可能性就越大。在不完善的市场制度环境下，企业一方面要适应独特的市场文化，另一方面也要超越这种正在完善中的市场文化。假如企业仅考虑适应性而忽视前瞻性，那么，当制度完善时，企业在竞争中就会处于不利地位。当然，市场制度越完善，对优秀的企业越有利。因此，优秀的企业不仅要自觉遵守市场制度，更要承担促进市

场竞争制度完善的责任。

市场建设获得立法保障并向自由竞争的方向发展是一个必然的趋势，企业也要适应甚至参与引导这一趋势。法治是发展中的社会文化的核心，它因为制度的稳定性，使人们可以按照自己的预期进行选择。在法治的环境中，规章制度的改变必须遵循一定的规则和程序，有充分合理的理由。同时，法治也是体现正义与公平的基本方式。在程序正义和公平竞争的框架内，人们才能得到有效的激励。法治最关键的问题在于它的依法而“治”。现代企业制度是借鉴西方来的，它的很重要的一个基石就是契约精神，契约精神同时需要法律制度为前提，而这恰好是中国文化的缺失。在中国并不缺少信任，但这种信任与西方企业家精神的信任是不同的。在西方，企业家基督教文明的信任是在契约精神、法律框架下可以追诉、处罚的一种信任，而中国的信任是建立在血缘、地缘这样一个关系上，它没有法律框架，更不是宗法制度上的，因而这种信任是脆弱的。要想将西方的契约精神贯彻到企业始终，完善的法律制度框架将起到了前提作用。因而，自由竞争的市场制度的建立和法律制度的完善将为企业践行伦理决策提供良好的制度保障。

（二）政府发挥监管作用的同时要预防自身的腐化

有学者研究发现，政府很难通过政府强制力量有效遏制企业侵犯社会利益的行为，因为政府（尤其是地方政府）和企业是事实上的利益共同体，我国现阶段地方政府专注于发展经济的刚性约束，难免会出现重短期经济发展而轻社会公众利益的行为。这在一定程度上使得企业环境的格局发生了变化，政府开始越来越多地干涉原本应由企业管理人员和董事会做出的决策。随着政府干预企业竞争的能力日益增强，宏观政策早已经成为影响企业竞争地位的决定因素之一。企业家因政府所掌握的资源而必须与其建立密切的往来，中国企业家30%以上的时间和精力都用于和政府部门打交道（张维迎，2001）。

在法律规则不健全、监管不到位的情况下，就容易出现官员滥用公共权力谋取个人私利的腐败问题。公共权力的使用失去控制是腐败产生的基础。没有监管的权力是有威胁的；相反，在有效监管之下的权力，即使有强烈的寻租动机，也难以形成事实上的腐败。在对公共权力监管严格的国家中，腐败问题产生的几率要低很多。由此可见，政府的监管作用应主要体现在职能的转变及对自身权利腐化的约束力上。越来越多来自民意的压力，要求对腐败行为的整治零容忍。阳光办案和信息透明被普遍认为是最有效的监管手段。通过反贿赂法对商业贿赂的行贿者进行监管，也是解决腐败的重要手段。一些国家要求企业必须建立内部控制机制，预防商业贿赂包括海外贿赂的发生。目前，我国政府越来越重视，减少行政干预、维护市场的公平竞争，避免对企业的行政干预过大而减弱自由竞争的基础。一句话，就是让市场成为经济的指挥棒。与此同时，我国政府加大了整治腐败的力度，提高了政府的公信力，从而塑造良好的社会环境和社会风气，形成良性循环的态势。

二、中国企业践行伦理决策的内部策略

（一）领导者的伦理领导力是企业整体伦理环境的反映

面对着不断变化的市场环境和不确定性的风险，伦理领导力对企业的成长和成功变得越来越重要：人们对领导者的形象

定位已经不再局限于企业的产品、市场或品牌，而是同时也关心他们面对的企业和企业家是否具备道德上的优势。也就是说，注重伦理和道德的领导者，与注重创新、市场以及品牌的领导者具有同样重要甚至是更重要的地位。

领导力被认为是一系列领导行为及其影响的组合。管理大师德鲁克指出，领导力是动员一切资源为实现组织使命而奋斗的能力，是做人的艺术而不仅仅是做事的艺术（兴盛乐，2007）。中国企业家对领导力也有自己独特的见解，联想集团创办人柳传志就指出，领导力是建立在对企业业务的深刻理解、明确的领导目标以及长远的战略思考基础上的，领导者既需要懂得坚持和妥协，也需要了解如何分步实现公司的战略。领导力是一个社会、一个企业或一个群体能够健康、稳定、持续发展的重要条件，它意味着充分地调动和使用一切资源，以最低成本实现领导的目标，从而提升这个社会、组织或群体的效率。

伦理领导力首先来自高层领导者个人的道德魅力。美国《华尔街日报》曾就领导者的成功之道对美国大型企业的高层领导者进行了调查，结果显示他们普遍认为正直、勤奋和与人相处的能力是最重要的三个因素（周祖城，2005）。这三个因素都与领导者的个人道德密切相关。哈佛大学的教授戴维·麦克利兰认为，为了获得自身利益，如地位的提高、财富的增加而从事管理工作的人成不了有效的管理者；有效的管理者感到有责任使组织强大起来，愿意为组织的利益而牺牲一些个人的利益，他们乐于工作，把公正看得很重（兴盛乐，2007）。一个优秀的领导者需要具备很多方面的才能，但更首要的是一个具有高尚道德意识的人，领导者的个人道德在很大程度上决定了企业的道德水平。而一个不道德的人或企业，显然无法成为一个优秀的领导者。企业的伦理领导力是企业整体伦理环境的反映。

伦理领导力不仅是一种道德的标杆，实际上它也在无形中塑造了巨大的商业价值。企业的商业价值主要是指企业能用资本或者资金来衡量的企业的总体价值。企业的伦理领导力直接或间接影响企业运作效率和成果，从而最终影响企业的商业价值。伦理领导力，通过塑造有道德的企业伦理氛围，从而影响企业雇员的工作热情和对企业的忠诚度，影响顾客、商业伙伴及社会对企业的道德评价，并进而影响企业的信誉和形象。

（二）企业应塑造积极向上的组织伦理氛围

如果说蕴含伦理的领导力是保持企业伦理方向的罗盘，在其引领下最终能够实现企业和社会的“双赢”；那么，积极向上的组织伦理氛围则正是具有推动力作用的广大员工的期待。组织的伦理氛围是企业文化的一部分，企业的伦理守则和政策、高层管理者的伦理取向、组织成员之间的相互影响以及组织内部不道德行为发生的概率等，都属于伦理氛围的范畴。企业文化和伦理氛围对组织决策的伦理性、可供选择的方案的生成、个人道德认知的发展有直接的影响。很多研究表明，组织成员所处的工作团体中可以感知到的伦理性是影响其伦理行为的主要因素（Cunningham&Ferrell，1999）。企业伦理氛围中的道德因素越彰显，做出不道德决策的可能性就越小。

企业伦理氛围是企业成员对“什么是符合伦理的行为”和“应该如何处理伦理问题”所形成的共同感知。企业家、首席执行官，尤其是企业创始人的信仰、信念、领导方式，通常是企业伦理氛围形成的基础。与此同时，企业的员工手册、考核、晋升要求等，都反映了企业的价值观，表达了企业对员工行为和表现的期望，也形成了企业伦理氛围。如果一些被默认的不符合伦理的行为或决策形成传统，并在企业内传承下去，不道德行为或决策成为企业文化历史的一部分时，要加以改变就非常困难，可能要通过领导核心的更换才能完成企业伦理氛围的转变。

要树立良好的伦理氛围，领导就要用信任、培养和移情来营造让员工受到支撑的环境。在这样的支持性环境中，员工在面对难题时才能获得安全感。领导的职能在于帮助其员工努力奋斗，以适应环境的变化并促进个人的成长。稻盛和夫认为，企业种种问题的出现，制度管理只是浅层次的管理，更深层次的是人性的管理。他倡导敬天爱人、热爱自己的工作和生活、宣誓生命的意义在于克服困难，完善自我，要求大家投入热情做事，发自内心地为客户着想，而不仅仅是遵照工作守则。他的“以心为本”的经营哲学由高层管理者向中层管理者乃至员工渗透，激发了员工人性中的“善”的本质——包括对自己、对企业、对客户的责任感。

有研究表明，不道德的行为困境往往是由于道德推理造成的（Greenber，1993）。要使企业整体伦理意识和行为得到完善，仅强调伦理环境和伦理制度的完善是不够的，还必须辅之以伦理教育和伦理培训。通过对企业中什么是道德上正确行为以及应该如何应对道德问题的深入了解，对什么是对和错、什么是被允许或被禁止的、什么是期望或不期望达成共识，就可以为一个组织中的成员彼此互动建立起规范环境；通过互动，把这些信念或者加强或者转变，从而使组织内部行为得到统一，同时使其外化，以组织成员应有行为塑造一个明确的组织形象（Dickson，2001）。

（三）开发有效的伦理项目促进企业伦理决策

企业被视为社会中的道德主体，人们创造它以完成特定功能，所有企业必须对其行为负责。如果企业做出与重要法律相违背的行为，企业就要承担责任、接受惩罚甚至接受死刑。很多企业伦理问题即复杂又紧急，要代表所有利益相关者的利益并保证决策的一致性，就必须根据伦理政策行事，因而企业应开发有效的伦理项目促进其伦理决策。

1. 开展伦理培训。当企业中的管理者和员工面临日益复杂的决策时，伦理成为必须关注的首要问题。这些决策的制定通常都处于群体环境中，人们的价值观体系各异，加上竞争压力和外部因素的影响，都可能产生道德行为失范。企业必须实施有效的伦理项目，确保所有员工都能理解企业的价值观，并遵守那些造就了企业伦理文化的有关政策和行为准则。要展开有效的伦理项目，关键的一步是实施培训项目，让员工接受企业的伦理标准教育。

培训能帮助员工了解企业的政策和期望、相关的法律和一般的社会标准。培训项目让员工注意到了可用资源、支持系统和能给出伦理与法律建议的专职人员。培训也赋予员工权力，提出尖锐问题并作出伦理决策。在第三章和第四章中，我们论证了伦理决策的影响因素包括员工道德认知发展阶段、组织伦理氛围、道德强度，这三个方面都将受到伦理培训的影响。对管理伦理、规则和程序的充分认识能巩固企业文化以及管理者、员工的伦理观念。这样的认识能帮助员工抵制组织中的不符合伦理的行为，减少行为失范的可能。当员工面临伦理困境时，使他们更有信心作出正确的决定。

伦理培训要富有成效，必须有一定的基础：一套伦理准则、表达伦理困惑的程序、员工的直接参与，企业管理者还要把伦理的优先性传达给员工。来自各个部门的经理人都必须参与伦理培训项目的开发。培训与沟通应能反映组织的特征：规模、文化、价值观、管理风格和员工基础。区分个人和组织伦理对伦理项目来说很重要。伦理培训项目的集体讨论有时会沦为个人意见，来决定特定情况下什么该做什么不该做。企业伦理项目要取得成功，就要培训员工掌握用于分析企业伦理问题的正式框架和模型。这样，员工就能在有关选择的知识基础上作出伦理决策，而非基于情感。

2. 开展伦理审计。为了合理实施伦理项目并确保其有效性，企业需测量它的效果。运用审计原理可以确认企业的伦理准则、政策和价值观是否对企业伦理决策行为产生正面影响。伦理审计是对企业伦理项目及绩效有效性的系统评估，集中于评估和报告企业在伦理和法律方面的表现，并检测和鉴定企业对利益相关者的伦理承诺。将伦理审计作为一种客观的方法融入战略决策，可以提升企业的业绩和效率、增加投资者的吸引力、改善利益相关者的关系、鉴别潜在风险、降低不当行为的发生并规避有损企业声誉的曝光。

伦理审计的框架可以分为七步：第一步要确保企业高层管理者或董事会的承诺。伦理审计的动力可能直接来自董事会对特定利益相关者的回应，也可能出于公司治理改革的要求。伦理审计的成功取决于高层管理者的全力支持。第二步是建立一个委员会或团队来监管审计流程。委员会可以吸纳企业内部人员，也可以聘请外部咨询顾问以协调审计过程并向董事会汇报。第三步是确定审计范围。这一步包括确定对伦理审计至关重要的关键主题或风险领域。第四步包括对企业使命、价值观、目标和政策的回顾。在这一阶段，重要的是把这些优先顺序和价值观作为一系列可被客观地量化评估的参数和业绩指标。第五步是找到测量工具或方法，确定企业取得的进步，然后收集并分析相关信息。第六步是让独立的第三方伦理审计师对数据分析的结果予以查证。查证是为了确保企业社会报告的质量、准确性与完整性。第七步是发布伦理审计报告，把审计结果通过正式报告向企业内部有关方面报告，如果得到批准，还可以向外部利益相关者发布。

大多数经理人认为利润和伦理、社会责任之间是零和的。这种思维方式妨碍了他们采用更为积极主动的“双赢”观念。伦理审计的过程能够展示伦理行为与社会责任活动对企业底线的积极影响，让经理们以及主要利益相关者相信，采用伦理的、对社会负责任的商业实践是有价值的。

结　语

企业伦理决策研究是企业践行社会责任，实现可持续性发展的重要途径，对管理理论的发展也有着重要的研究意义。本研究围绕企业伦理决策的理论基础、企业遵循的伦理原则、伦理决策过程及其影响因素、中国企业伦理决策实践机制四个方面诠释了企业伦理决策研究的主要研究内容，取得了若干重要的研究成果，从而试弥补目前学术界对本领域研究未能展现全貌的状态。

本研究的主要创新点包括：

第一，从规范研究层面，分析了企业中的伦理困境。即决策者首要面对的难题就是如何进行价值排序和优先性的思考。本文从企业伦理决策遵循的基本原则入手，对各项原则进行利弊分析，试建立基本原则的主次排序方法，并与企业伦理决策相结合，丰富企业管理者的决策视野。

第二，从实证研究层面，本研究将个人统计变量、道德强度、个人道德认知发展阶段、组织伦理氛围作为自变量，分别测量这四个自变量对伦理决策过程三个阶段的影响。本研究与以往研究的区别在于选取了积极的研究视角，目的不仅仅是规避企业的道德失范行为，而是如何促进企业追求卓越，实现企业伦理决策行为。另外，以辽宁、湖北、湖南、山西、广东、广西、北京、上海、重庆9地的企业样本抽取也是对伦理决策理论研究样本的有益补充。

本研究的局限与展望：

第一，企业伦理决策研究对于我国的学术研究来说还处在探索阶段，实证研究较少，且使用量表大部分为西方学者的研究成果，进而无法采用时间序列分析的纵向研究方法，使用横向的研究方法就会因为不同研究的研究样本的差异，使得所获研究结果存在分歧。因此，希望在以后的研究中可以选择使用面板数据对本研究的假设进行更深入且可靠的分析。

第二，为了保证研究样本的真实性（必须为企业人员），本研究放弃了网络问卷调研平台获取问卷的渠道，采取了大量现场访谈和问卷调查的方式，获得了不少第一手资料。在大部分问卷调研的过程中，都会遇到类似的问题，那就是被测试者不希望问卷的内容过多，如果要占用其大量时间，那么就会拒绝填写或敷衍了事，从而影响问卷的信度和效度。本研究在第一次问卷试发放时，就因为问卷的问题项过多而被某企业的人员拒绝。因此，最终的问卷在经过多次调整后形成，由于时间和研究条件的限制，问卷发放量仍有限，使得结论的精准度稍有不足。本文对企业伦理决策的研究，研究样本综合选择了企业中的管理者和员工两类。其实若能获得更多企业高层管理者的数据，对管理者伦理决策应该是更有现实意义的。但是，那样就会进一步缩小样本容量，使得结论失信。因此，希望在今后的研究中，可以因为人生阅历的丰富获得更多高层管理者的一手数据来完善本研究的不足。

第三，在研究内容上，本研究对因变量伦理认知、伦理判断、伦理意图，自变量自利导向、关怀导向、规则导向的数据进行了均分处理，有部分信息可能遗失。在以后的研究中可以再进行细分，来弥补这一处理的缺憾。另外，本研究讨论的企业伦理决策影响因素仅从伦理问题道德强度、个人道德认知发展阶段、组织伦理氛围三个方面入手，提出了企业伦理决策的外部保障和内部良好软环境塑造策略。那么，作为企业伦理决策重要影响因素的组织伦理氛围又会受到什么因素的影响，如何促进企业伦理决策等重要问题将成为本研究后续的发展方向。

伦理决策可以为企业实现一片蓝海，将伦理融入决策代表着战略管理领域的范式性转变。蓝海的开创是基于价值的创新而不是技术的突破，忠诚、信任、合作、公平可以帮助企业摆脱现实的伦理困境，实现可持续的良性发展，从而实现买方、企业和社会都获益的多赢局面。

主要参考文献

[1] 陈炳福、周祖城：《企业伦理学概论》，南开大学出版社2007年版。

[2] 陈泽环：《个人自由和社会义务——当代德国经济伦理学研究》，上海辞书出版社2004年版。

[3] 樊浩等：《中国伦理道德报告》，中国社会科学出版社2012年版。

[4] 甘碧群：《企业营销道德》，湖北人民出版社1997年版。

[5] 刘可风：《企业伦理理论与实践》，湖北人民出版社2007年版。

[6] 刘可风、龚天平、冯德雄：《企业伦理学》，武汉理工大学出版社2011年版。

[7] 魏敏英：《新伦理学教程》，北京大学出版社2003年版。

[8] 陈泽环：《个人自由和社会义务——当代德国经济伦理学研究》，上海辞书出版社2005年版。

[9] 陆晓禾：《经济伦理学研究》，上海社会科学出版社2008年版。

[10] 唐凯麟、龚天平：《管理伦理学纲要》，湖南人民出版社2004年版。

[11] 王海明：《伦理学导论》，复旦大学出版社2009年版。
[12] 徐二明：《企业战略与创新》，中国人民大学出版社2009年版。
[13] 于惊涛、肖贵蓉：《商业伦理——理论与案例》，清华大学出版社2012年版。
[14] 叶陈刚：《企业伦理与文化》，清华大学出版社2007年版。
[15] 张彦：《价值排序与伦理风险》，人民出版社2011年版。
[16] 周三多编著：《管理学——原理与方法》，复旦大学出版社2011年版。
[17] 周祖城编著：《企业伦理学》，清华大学出版社2009年第2版。
[18] 周祖城、张兴福、周斌：《企业伦理学导论》，上海人民出版社2007年版。
[19] 赵德志：《现代西方企业伦理理论》，经济管理出版社2002年版。
[20] 张应杭、黄寅：《企业伦理：理论与实践》，上海人民出版社2001年版。
[21] 张德、吴建平：《文化管理——对科学管理的超越》，清华大学出版社2008年版。
[22] [印] 阿马蒂亚·森：《伦理学与经济学》，王宇等译，商务印书馆2000年版。
[23] [印] 阿马蒂亚·森、[英] 伯纳德·威廉姆斯：《超越功利主义》，何捷等译，复旦大学出版社2011年版。
[24] [美] 保罗·A. 萨缪尔森、威廉·D. 诺德豪斯：《经济学》（第12版），高鸿业等译，中国发展出版社1992年版。

[25] [美] 戴维·J. 弗里切：《商业伦理学》，杨斌、石坚、郭阅译，机械工业出版社 1999 年版。

[26] [德] 弗里德里希·包尔生：《伦理学体系》，何怀宏、廖申白译，中国社会科学出版社 1988 年版。

[27] [美] 哈特曼（Hartman，L. P.）、苏勇著：《企业伦理学》，机械工业出版社 2011 年版。

[28] [美] 赫伯特·A. 西蒙：《管理行为》，詹正茂译，机械工业出版社 2013 年版。

[29] [美] 吉姆·柯林斯、杰里·伯勒斯：《基业常青——企业永续经营的准则》，如真译，中信出版社 2012 年版。

[30] [德] 卡尔·奥托·阿佩尔：《哲学的改造》，孙周兴、陆兴华译，上海译文出版社 2005 年版。

[31] [德] 康德：《道德行而上学原理》，苗力田译，上海人民出版社 2002 年版。

[32] [美] 罗伯特·C. 所罗门：《伦理与卓越——商业中的合作与诚信》，罗汉、黄悦等译，上海译文出版社 2006 年版。

[33] [美] 琳达·K. 屈维诺、凯瑟琳·A. 尼尔森：《商业伦理管理》，何训译，电子工业出版社 2010 年版。

[34] [美] 琳达·费雷尔、O. C. 费雷尔：《商业伦理》，杨欣译，世界图书出版社公司 2011 年版。

[35] [美] 理查德·T. 德·乔治：《企业伦理学》，王漫天、唐爱军译，机械工业出版社 2012 年版。

[36] [美] 麦金太尔：《德性之后》，龚群等译，中国社会科学出版社 1995 年版。

[37] [美] 曼纽尔·G. 贝拉斯克斯：《商业伦理：概念与案

例》，中国人民大学出版社 2013 年版。

[38] [英] 诺曼·E. 鲍伊、帕特里夏·H. 沃哈尼：《伦理学》，李伟等译，经济管理出版社 2009 年版。

[39] [美] O. C. 费雷尔、约翰·弗里德里希、琳达·费雷尔：《企业伦理学——伦理决策与案例》，张兴福等译，中国人民大学出版社 2012 年版。

[40] [美] 乔治·恩德勒：《面向行动的经济伦理学》，高国希、吴新文等译，上海社会科学院出版社 2002 年版。

[41] [美] 斯蒂芬·P. 罗宾斯、玛丽·库尔特：《管理学》，孙健敏等译，中国人民出版社 2008 年版。

[42] [美] 彼得·圣吉：《第五项修炼——学习型组织的艺术与实务》，郭进隆译，上海三联书店 2002 年版。

[43] [美] 彼得·德鲁克：《21 世纪的管理挑战》，朱雁斌译，机械工业出版社 2009 年版。

[44] [美] 托马斯·彼得斯、罗伯特·沃特曼：《追求卓越：美国优秀企业的管理圣经》，戴春平等译，中央编译出版社 2004 年版。

[45] [美] 约翰·罗尔斯：《正义论》，何怀宏等译，中国社会科学出版社 1988 年版。

[46] [美] 约翰·W. 巴德：《人性化的雇佣关系——效率、公平与发言权之间的平衡》，谢格先、马振英译，北京大学出版社 2007 年版。

[47] [美] 雅克·蒂洛、基斯·克拉斯曼：《伦理学与生活》，程立显等译，世界图书出版公司 2008 年版。

[48] [美] 亚当·斯密：《道德情操论》，谢宗林译，中央编译出版社 2008 年版。

[49] 程新宇：《工程决策中的伦理问题研究及其对策》，载《道德与文明》2007 年第 5 期。
[50] 陈翔：《伦理决策理论的时空背景及哲学底蕴》，载《求实》2008 年第 7 期。
[51] 陈银飞、茅宁：《从有限理性到有限道德——论伦理决策的有限性》，载《江苏大学学报》2009 年第 6 期。
[52] 冯庆林：《创业中的企业伦理决策问题》，载《企业活力》2006 年第 2 期。
[53] 龚天平：《伦理管理：当代企业伦理的践行机制》，载《上海财经大学学报》2010 年第 4 期。
[54] 郭广银：《转型时期中国企业管理伦理的重构》，载《齐鲁学刊》2006 年第 4 期。
[55] 高小玲、苏勇：《企业伦理研究的困境与突破——一个关系主义的新视角》，载《软科学》2007 年第 3 期。
[56] 郝云宏、林仙云、曲亮：《控制权私立研究演进脉络分析：制度，行为与伦理决策》，载《社会科学战线》2012 年第 12 期。
[57] 金杨华、吕灿灿、曲亮：《西方道德解脱理论述评》，载《伦理学研究》2013 年第 2 期。
[58] 金杨华、吕福新：《关系取向与企业家伦理决策——基于浙商的“实证”研究》，载《管理世界》2008 年第 8 期。
[59] 李晓明、王新超、傅小兰：《企业中的道德决策》，载《心理科学进展》2007 年第 4 期。
[60] 侯亚丁：《企业伦理决策的实现路径》，载《商业经济评论》2011 年。
[61] 刘可风：《论市场经济领域中道德的适度定位问题》，载

《哲学研究》2004 年第 6 期。

[62] 李静:《企业伦理经济性的决策模型》,载《统计与决策》2005 年 11 月下旬。

[63] 齐艳霞、刘则渊、赵鹏飞等:《试论工程决策的伦理维度》,载《自然辩证法》2009 年第 9 期。

[64] 谭艳艳、汤湘希:《会计伦理决策影响因素研究——基于计划行为理论的检验》,载《会计研究》2012 年。

[65] 汪才明:《论道德认知》,载《滁州师专学报》2003 年第 4 期。

[66] 吴红梅:《西方组织伦理氛围研究探析》,载《外国经济与管理》2005 年第 9 期。

[67] 吴红梅、刘洪:《西方伦理决策研究述评》,载《外国经济与管理》2006 年第 28 期。

[68] 吴红梅、刘洪:《基于商业决策视角的伦理观研究述评》2010 年第 8 期。

[69] 王进:《企业员工的伦理决策意向研究——以道德成熟度、道德强度与伦理气候的影响为依据》,载《华东经济管理》2010 年第 5 期。

[70] 徐善元:《论领导决策的伦理境界》,载《理论与改革》2003 年第 5 期。

[71] 杨良奇:《从功利维度看商业经营的伦理决策》,载《道德与文明》2011 第 4 期。

[72] 叶文琴:《企业伦理决策过程的构成要素及其相互关系模型与实证》,载《软科学》2004 年第 4 期。

[73] 阎俊、常亚平:《基于综合契约论的跨文化商业伦理决策模型》,载《浙江社会科学》2005 年第 1 期。

[74] 张彦:《基于风险考量的企业伦理决策研究》，载《自然辩证法研究》2008 年第 8 期。

[75] 周延云、李瑞娥:《现代企业伦理决策实证研究述评》，载《经济管理》2006 年第 7 期。

[76] 周祖城:《企业决策的伦理评价模型》，载《决策借鉴》2001 年第 3 期。

[77] 周祖城:《论道德管理》，载《南开学报》2003 年第 6 期。

[78] 张彦:《论当代企业伦理建设中的价值排序问题——马克思主义经济伦理学的现实解读》，载《伦理学研究》2012 年第 5 期。

[79] 祝木伟:《组织伦理化管理理论与方法研究》，南京理工大学博士学位论文，2007 年。

[80] Alexander C. S. and Becker H. J., The Use of Vignettes in Survey Research, *Public Opinion Quarterly*, 1978, 42, pp. 93 – 104.

[81] Alder G. S, Schminke M. and Noel T. W., The impact of individual ethics on reactions to potentially invasive HR practices. *Journal of Business Ethics*, 2007, 75 (2): 201 – 214.

[82] Aquino K. and Reed A., The self-importance of moral identity, *Journal of Personality and Social Psychology*, 2002, (83): 1423 – 1440.

[83] Bazerman, Max H. and Tenbrunsel, Ann E. Ethical Breakdowns. *Harvard Business Review*, Apr. 2011, 89 (4): 58 – 65.

[84] Bruce, W. Ethical people are productive people. *Public Productivity and Management Review*, 1994, 17 (3): 241 – 252.

[85] Bandura A., Moral disengagement in the preparation of inhumanities. *Personal and Social Psychology Review*, 1999, (3): 193 - 209.

[86] Christine Pierce and Donald VanDeVeer, *People, Penguins, and Plastic* Tree, 2nd ed. Belmont, CA: Wadswordth, 1995.

[87] Cullen J., Parboteeah K. and Victor B. The effect of ethical climates on organizational commitment: a two-study analysis. Journal of Business Ethics, 2002, 46 (2): 127 - 141.

[88] Douglas P. C., Davidson R. A and Schwartz B. N., The effect of organizational culture and ethical orientation on accountants' ethical judgments. Journal of Business Ethics, 2001, 34 (2): 101 - 121.

[89] Elm D. R., Nichols M. L., An investigation of the moral reasoning of managers. Journal of Business Ethics, 1993, 12 (11): 817 - 833.

[90] Ferrell O. C., Fraedrich J. and Ferrell L., *Business Ethics: Ethical Decision Making and Cases.* 8th edition. South-Western, 2011.

[91] Falkenberg, L., Herremans, I., Ethical behaviors in organizations: directed by the formal or informal systems? *Journal of Business Ethics*, 1995, 14 (6): 133 - 143.

[92] Falkerberg L. and Weaver M., Ethical Behavious in Organization: Directed by the Formal or Informal Systems? *Journal of Business Ethics*, 1995, 14 (2): 133 - 143.

[93] Freeman, R. E. and Daniel R. Gilbert, Jr, *Corporate Strategy and the Search for Ethics*, Englewood Cliffs, NJ: Prentice-

Hall, 1988, p. 7.

[94] Garrett Thomas and Klonoski R. J., *Business ethics*, 2nd ed. Englewood Cliffs, NJ: Prentice-Hall, 1986, p. 88.

[95] H. L. A. Hart, Are There Any Natural Rights, *Piliosophical Review*, April 1955, v. 64, p. 185.

[96] Hicks, Lawrence E., *Coping with Packaging Laws*, New York: AMACOM, 1973, 2 (1), p. 17.

[97] Hollinger, R. C. and Clark, J. P., Formal and informal social controls of employee deviance. *Sociological quarterly*, 1982, 23 (3): 333 -343.

[98] Ian Maitland, Virtuous Markets: The Market as School of the Virtues, *Business Ethics Quarterly*, January 1997, p. 97.

[99] John Byrne, Fall from Grace, *Business Week*, Auguest 12, 2002, pp. 50 -56.

[100] Smith, N. C. and J. A. Quelch, *Ethics in Marketing*. Homewood, IL: IRWIN, 1993, p. 283.

[101] Jones, Thomas M. Ethical Decision Making by Individuals in Organizations: An Issue-Contingent Model. *The Academy of Management Review*, Vol. 16, No. 2 (Apr., 1991): 366 -395.

[102] Kaplan S., Pany K., Samuels Janet, and Jian Zhang, An Examination of the Association Between Gender and Reporting Intentions for Fraudulent Financial Reporting Intentions For Fraudulent Financial Reporting, *Journal of Business Ethics*, 2009, 87 (1): 15 -30.

[103] Kaplan H. B., *Self-attitudes and deviant behavior*. Pacific Pal-

isades, CA: Goodyear, 1975.

[104] Kohlberg L. , *Essays on Moral Development* . The Psychology of Moral Development, S. F. : Harper and Row, 1984, p. 2.

[105] Laczniak G. R. and Patrick E. Murphy, *Ehtical Marketing Decision: the Higher Road*, Allyn & Bacon, 1993, p. 280.

[106] Lawrance A. Blum, *Moral perception and Particularity*, Cambridge: Cambridge university press, 1994, p. 12.

[107] M. C. Reiss and K. Mitra, The Effects of Individual Difference Factors on the Acceptability of Ethical and Unethical Workplace Behaviors, *Journal of Business Ethics*, 17 October 1998, pp. 1581 – 1593.

[108] Mishina Y. and Dykes B. J. , Why "good" firms do bad things: The Effects of high aspirations, high expectations, and prominence on the incidence of corporate illegality . *Academy of Management Journal*, 2010, 53, (4): 701 – 722.

[109] Morris S. A. & McDonalds R. A. , The role of moral intensity in moral judgment S: an empirical investigation. *Journal of Business Ethics*, 1995; 14 (9): 715 – 726.

[110] Milton Friedman, *The Social Responsibility of Business is to Increase Its Porfits*, New York Times Magazine, (Septemeber 13, 1970), p. 126.

[111] Mannuel G. Velasquez , *Business Ethics: Concepts & Cases*, 7th Edition, Peason Education press, 2012, p. 31.

[112] Malloy D. C. , Agarwal J. , *Ethical climate in nonprofit organizations: propositions and implications.* Nonprofit Management & Leadership, 2002, 12 (1): 39 – 54.

[113] N. Lyons, Two Perspectives: On Self, Relationships and Morality, *Harvard Educational Review*, 1983, v. 53, n. 2, p. 136.

[114] O'Fallon M. J. and Butterfield K. D. , A review of the empirical ethical decision-making literature: 1996 – 2003. *Journal of Business Ethics*, 2005, 59 (4): 375 – 413.

[115] Parker C. P. , Baltes B. B. and Young S. A. , et al. Relationships between psychological climate perceptions and work outcomes: ameta-analytic review. *Journal of OrganizationalBehavior*, 2003, 24 (4): 389 – 416.

[116] Rest, J. R. , *Moral development, advances in research and theory*. New York: Praeger, 1986.

[117] Raymond A. Bauer and Dan H. Fenn, *The corporate Social Audit*, NewYork: Sage Publications, Inc. , 1972, pp. 3 – 14.

[118] Raiborn C. A. and Payne D. , Corporate codes of conduct. *Journal of Business Ethics*, 1990, 9 (11): 879 – 889.

[119] Richard M. Stephenson, *Living with Tomorrow*, New York: John Wiley & Sons, Inc. , 1981, pp. 205 – 208.

[120] Scott Reynolds, A Neurocognitive Model of the Ethical Decision-Making Process: Implications for study and practice, *The Journal of Applied Psychology*, , 2006, 91 (4): 737 – 748.

[121] Stevenson W. H. S. , Some Econmic Consequences of Commercial Bribery, *Harvard Business Review*, 2008, 1 (29): 156 – 169.

[122] Singhapakdi, Anusorn, Vitell, Scott J. and Franke, Gerorge R. , Antecedents, Consequences and Mediating Eeffects of

Perceived Moral Intensity and Personal Moral Philosophies, *Journal of the Academy of Marketing Science*, 1999, 27, p19.

[123] Weber J. , *Managers Moral Reasoning*: *Assessing Their Rresponses to Three Moral Dilemm*as. Human Relations, 1990, 43 (7): 687 -702.

[124] Trevino L. K. , Ethical decision making in organization: a person-situation interactionist model, *Academy of Management Review*, 1986, (3): 601 -617.

[125] Timothy Smith, South Africa: The Churches vs. the Corporations, *Business and Society Review*, 1971, pp. 54, 55, 56.

[126] Thomas M. Jones, Ethical decision making by individuals in organizations: an issue-contingent model. *Academy of Mangemant Review*, 1991, (2): 366 -395.

[127] Theodre Levitt, The Morality of Advertising, *Harvard Business Review* , (July-August, 1970): 84 -92.

[128] Victor B. , Cullen J. B. , A theory and measure of ethical climate in organizations, *Research in Corporate Social Performance and Policy*, 1987, 9 (2): 51 -71.

[129] Victor B. and Cullen, J. B. , The organizational bases of ethical work climates. *Administrative Science Quarterly*, 1988, 33 (1): 101 -125.

[130] Vitell S. J. and T. A. Festervand, Business Ethics: Conflict, Practices and Beliefs of Industrial Executives. *Journal of Business Ethics*, 1987, 6: 111 -122.

[131] Vitell S. J. and Paolillo J. G. P. , Consumer ethics: The role of religiosity. *Journal of Business Ethics*, 2003, 46 (2): 151

-162.

[132] Weber J. , *Managers Moral Reasoning*: *Assessing Their Rresponses to Three Moral Dilemmas*. Human Relations, 1990, 43 (7): 687-702.

[133] William K. Frankena, *The Concept of Social Justice*, in Brandt, ed. Social Justice, pp. 1-29.

[134] Wimbush J. C. , Shepard J. M. , Toward an understanding of ethical climate: its relationship to ethical behavior and supervisor influence. *Journal of Business Ethics*, 1994, 13 (8): 637-647.

附　录
企业伦理决策行为影响因素调查问卷

尊敬的女士/先生：

您好！非常感谢您对本研究的大力支持，在百忙之中填写这份问卷！此问卷旨在了解企业员工在决策过程中产生伦理困境时的选择，并分析不同情境下个人伦理决策行为差异的成因。此次调查纯属学术研究，问卷采用不记名方式。请按照您个人的以往经验和直觉对以下问题进行选择，您的观点对我们的研究非常有帮助，我们会对您所提供的信息严格保密。祝顺利、如意！

第一部分　人口统计学变量

[填写说明] 请在仔细阅读下列情景，根据您的真实想法在相应的数字上打“√”。

1，您的性别：□ 男　　□ 女

2，您的年龄：□ 小于 30 岁　　□ 30 岁及以上。

3，您的工龄：□ 1—5 年　　□ 6—10 年

□ 10 年以上

4，您的学历：□ 本科以下　　□ 本科

□ 硕士及以上

5，您的职务：□ 高层管理者　　□ 中层管理者

□ 基层管理人员　　□普通员工

6，工作地域：________________

7，企业规模：□ 100 人以下　　□ 100—500 人

□ 500—1000 人　　□ 1000—2000 人

□ 2000 人以上

第二部分　情景分析

［填写说明］请在仔细阅读下列情景，根据您的真实想法在相应的数字上打“√”，1—5 表示您的接受程度，其中“1”表示“决不能接受”，“5”表示“完全可接受”。

1	2	3	4	5
不能认同	有点不能	不知可否	一般可认同	完全认同

Ⅰ. 情景一：A 是某建筑企业的采购人员，其主要的工作任务是代表企业采购钢材，企业明确规定禁止收受钢材销售商的礼物和回扣。今天 A 收到快递人员送来的某钢材销售公关人员赠送的礼物，一本做工精致的皮笔记本。A 不想把礼物的事情告诉老板，并接受了这个礼物。

1. 您觉得 A 的行为可以接受吗？　1　2　3　4　5
2. 您觉得 A 的行为符合伦理吗？　1　2　3　4　5
3. 如果您是 A，您有多大可能接受这份礼物？

1　2　3　4　5

情景二：如果 A 接受的是钢材销售商送的一万元现金呢？

1. 您觉得 A 的行为可以接受吗？ 1 2 3 4 5

2. 您觉得 A 的行为符合伦理吗？ 1 2 3 4 5

3. 如果您是 A，您有多大可能接受这份礼物？

1 2 3 4 5

Ⅱ. 情景一：B 是一家企业海外投资项目的负责人，他们正计划向一个快速成长的发展中国家投资建厂。但是要想获得准入的手续就必须向当地的政府提供变相贿赂。据 B 了解，有部分计划进入该国的外资企业通过贿赂已经获得了资格，但也有部分企业因为政府的要求而放弃了投资计划。B 作为该项目的负责人，同意了当地政府的要求。

1. 您觉得 B 的行为可以接受吗？ 1 2 3 4 5

2. 您觉得 B 的行为符合伦理吗？ 1 2 3 4 5

3. 如果您是 B，您有多大可能接受这份礼物？

1 2 3 4 5

情景二：若所有其他计划进入该国的外资企业都因为要提供贿赂而取消了计划。B 作为项目负责人，同意了当地政府的要求。

1. 您觉得 B 的行为可以接受吗？ 1 2 3 4 5

2. 您觉得 B 的行为符合伦理吗？ 1 2 3 4 5

3. 如果您是 B，您有多大可能接受这份礼物？

1 2 3 4 5

Ⅲ. 情景一：C 是一家汽车 4S 店的销售经理。他发现以前销售的一款紧凑性城市越野车存在安全隐患，因为有一批次的转向节原材料未能符合全球执行的材料强度标准。在城市中以低于 80 公里/小时的时速行驶就不会发生问题，但如果在高速公路超过80公里/小时行驶就会发生危险。C的用户大多数为城市中代步使用，引发问题的可能性比较小。C没有把产品的缺陷告知客户。

1. 您觉得C的行为可以接受吗？　1　2　3　4　5

2. 您觉得C的行为符合伦理吗？　1　2　3　4　5

3. 如果您是C，您有多大可能接受这份礼物？

1　2　3　4　5

情景二：如果C的用户大多数是户外运动爱好者，引发问题的可能性较大。C仍然没有告知客户呢？

1. 您觉得C的行为可以接受吗？　1　2　3　4　5

2. 您觉得C的行为符合伦理吗？　1　2　3　4　5

3. 如果您是C，您有多大可能接受这份礼物？

1　2　3　4　5

第三部分　个人道德发展阶段

［填写说明］请在仔细阅读下列情景，根据您的真实想法在相应的数字上打“√”，1—5表示您的接受程度，其中“1”表示“非常重要”，“5”表示“豪不重要”。

1	2	3	4	5
非常重要	比较重要	一般重要	不太重要	毫不重要

阿曼达的丈夫得了一种怪病，生命岌岌可危。只有城里的海顿医师研发的一种特效药可以治疗这种病。海顿研发了药品之后并没有推广，只是自己少量的生产和销售。这种药的成本只有三万元，但是他却标价三十万销售。阿曼达的家庭并不富

有，在竭尽全力的拼凑下，也只有十五万元。阿曼达为了救自己的丈夫就去恳求海顿，希望先付十五万，剩余的钱可以分期来付清。但是海顿拒绝了阿曼达的请求，明确表示他是为了赚钱才研制的药品。阿曼达看着丈夫痛苦的样子，在脑海中兴起了去偷药的念头。

阿曼达应该偷药吗？（选定一个答案并打上√，）

应该偷药______　不能决定______　不应该偷药______

1. 社会的法律是否要维护？　1　2　3　4　5

2. 忠诚的妻子为爱护丈夫而去偷药，不是很自然的事吗？

1　2　3　4　5

3. 为了得到可能会治好丈夫的药，阿曼达愿意冒险，被当作盗贼而遭枪击或坐牢吗？　1　2　3　4　5

4. 阿曼达是不是一名职业舞蹈演员？或者她在其他职业舞蹈演员中间有很大的影响？　1　2　3　4　5

5. 阿曼达偷药是为了自己，还是为了帮助别人？

1　2　3　4　5

6. 药剂师制造新药的专利权是否应该得到尊重？

1　2　3　4　5

7. 从社会和个人角度来说，生命的本质是否超越死亡的终止？　1　2　3　4　5

8. 人与人之间的交往应该以什么价值观为基础？

1　2　3　4　5

9. 能否让上述药剂师躲在只保护富人的毫无价值的法律后面？　1　2　3　4　5

10. 在此种情况下，法律是否考虑到社会中每一个人的基本利益？　1　2　3　4　5

11. 是否因药剂师如此贪婪和残忍就应该去偷他的药？

1　2　3　4　5

12. 在此种情况下，偷药剂师的药对社会是否利大于弊？

1　2　3　4　5

从上面的问题中，选择 4 个最重要的问题：（填上项目的序号）

12 个问题中，哪个是第一重要的？ ____________

12 个问题中，哪个是第二重要的？ ____________

12 个问题中，哪个是第三重要的？ ____________

12 个问题中，哪个是第四重要的？ ____________

第四部分　企业伦理氛围

1. 我们公司里，员工普遍把保护自己的个人利益看得很重要。

完全不认同←1—2—3—4—5→完全认同

2. 我们公司里，员工总是想从别人身上占点便宜。

完全不认同←1—2—3—4—5→完全认同

3. 我们公司里，员工个人的道德和价值判断是不被重视的。

完全不认同←1—2—3—4—5→完全认同

4. 我们公司里，员工普遍认为只要自己的利益不受损，公司利益与我无关。

完全不认同←1—2—3—4—5→完全认同

5. 我们公司希望员工为了公司的利益做任何事，而不顾结果。

完全不认同←1—2—3—4—5→完全认同

6. 我们公司认为只有损害公司利益的事才是违规的。

完全不认同←1—2—3—4—5→完全认同

7. 我们公司里，员工之间都彼此互相关照。

完全不认同←1—2—3—4—5→完全认同

8. 我们公司里，员工可以为了整体利益而牺牲自我。

完全不认同←1—2—3—4—5→完全认同

9. 我们公司里，员工通常都非常关心同事的利益。

完全不认同←1—2—3—4—5→完全认同

10. 公司非常关注所有员工的整体利益。

完全不认同←1—2—3—4—5→完全认同

11. 公司希望员工做有利于大众的事情。

完全不认同←1—2—3—4—5→完全认同

12. 我们公司里，遵守规章制度非常重要。

完全不认同←1—2—3—4—5→完全认同

13. 我们公司里，员工普遍都严格遵守规章制度。

完全不认同←1—2—3—4—5→完全认同

14. 我们公司里，只有遵守规章制度的员工才能取得职业成功。

完全不认同←1—2—3—4—5→完全认同

15. 我们公司希望每个员工都能严格遵守规章制度。

完全不认同←1—2—3—4—5→完全认同

第五部分　对策建议

1. 企业伦理决策还会面临哪些外部环境的影响（可多选）

____

A. 社会文化与规范

B. 经济环境与法律制度

C. 行业规则

D. 政府政策

E. 媒体监督

2. 您认为何种机制有利于企业伦理决策实践：____________
____
____
____
____
____

谢谢您的配合！

责任编辑:崔继新
封面设计:春天书装
版式设计:姚　雪

图书在版编目(CIP)数据

企业伦理决策研究/刘英为 著. -北京:人民出版社,2015.12
ISBN 978 - 7 - 01 - 015557 - 9

Ⅰ.①企…　Ⅱ.①刘…　Ⅲ.①企业伦理-研究　Ⅳ.①F270-05

中国版本图书馆 CIP 数据核字(2015)第 285837 号

企业伦理决策研究

QIYE LUNLI JUECE YANJIU

刘英为　著

人民出版社 出版发行
(100706　北京市东城区隆福寺街 99 号)

北京中科印刷有限公司印刷　新华书店经销

2015 年 12 月第 1 版　2015 年 12 月北京第 1 次印刷
开本:710 毫米×1000 毫米 1/16　印张:16
字数:184 千字

ISBN 978 - 7 - 01 - 015557 - 9　定价:39.00 元

邮购地址 100706　北京市东城区隆福寺街 99 号
人民东方图书销售中心　电话 (010)65250042　65289539